學化
自主肌力訓練
教科書

零基礎也能聰明打造理想體態

監修

坂詰真二 SPORTS & SCIENCE 創辦人、
肌力與體能訓練師

石川三知 運動營養諮詢師、
體能改善規劃師

前言

在這波前所未見的健身與肌力訓練熱潮中，無論是透過社交媒體或相關書籍，都能吸收許多有關於肌力訓練的資訊。

看到照片中結實的腹部六塊肌、呈現完美倒三角形的背部肌群等，想要鍛鍊出憧憬已久的好身材，便下定決心開始進行肌力訓練。

可是，做了一陣子的訓練後，沒有出現明顯的效果，於是沒過多久便放棄了。不知道各位是否有過類似的經驗呢？

其實，毫無章法地進行肌力訓練，體態並不會產生明顯的改變。

一般人通常會覺得「要盡量增加肌力訓練的次數，每天做才有效果」。

但這是大錯特錯的觀念。

本書將站在科學的角度，解說正確的肌力訓練方法，並提供有效提高肌力訓練效果的飲食指南。還加入了離心收縮訓練理論、類胰島素生長因子1（IGF-1）、荷爾蒙與肌力訓練之間的關聯性等內容。

此外，在肌力訓練的實踐篇中，也會詳細教導讀者如何掌控呼吸與秒數節奏。

相信各位在看完本書後，能大幅提升訓練的效率。

擁有平坦的腹部與不易發胖的體質，絕非遙不可及的夢想。

根據最新科學研究設計出來的訓練方法，鍛鍊出理想身材吧！

01 以科學的角度驗證肌力訓練的必要性

02 以科學的角度驗證肌力訓練的正確方法

03 以科學的角度分析飲食與營養

04 以科學的角度驗證身體的休養方式

01

以科學的角度驗證肌力訓練的必要性

理論篇

理論篇

01

三十歲以後的成年人，每年肌力會退化〇・七%，肌肉量減少是造成中年肥胖的原因

隨著年紀的增長，肌膚會因老化而產生黑斑或皺紋，肌肉也會持續衰退。

在人的一生當中，成長期剛結束的二十歲前後，是肌肉最為發達的時期。

進入青春期後，生長激素會對人體產生作用，使肌肉與骨骼變大、變強壯，到了二十歲左右，人體骨架會定型，此時就是一生當中肌肉量最多的時期。

如果平常有在進行健美等肌力訓練，即使過了二十歲，肌肉量還是會持續增加。然而，只要沒有持續做肌力訓練，肌肉就會隨著年紀逐漸退化。

肌肉的退化程度因人而異，一般來說，**在三十歲到五十歲之間，肌肉會每年減少〇・五到〇・七%。而五十歲以後肌肉會加速退化，在五十歲至八十歲之間，肌肉量會以每年一到二%的比例持續減少。**

以結果來看，如果二十歲的肌肉量為一〇〇%，到了五十歲就會變成八〇%，到了八十歲則會減至五〇%。換言之，人到了八十歲，肌肉量會只剩下二十歲時的一半。

肌肉量的減少，是造成中年肥胖的主要原因。

肌肉就像是怠速運轉狀態的引擎，即使沒有處於運動狀態，肌肉也會消耗體內的能量源，如同運轉中的引擎會消耗汽油一樣。這是因為肌肉在產熱，以維持人體的體溫。

肌肉量隨著年齡增長而減少的基準

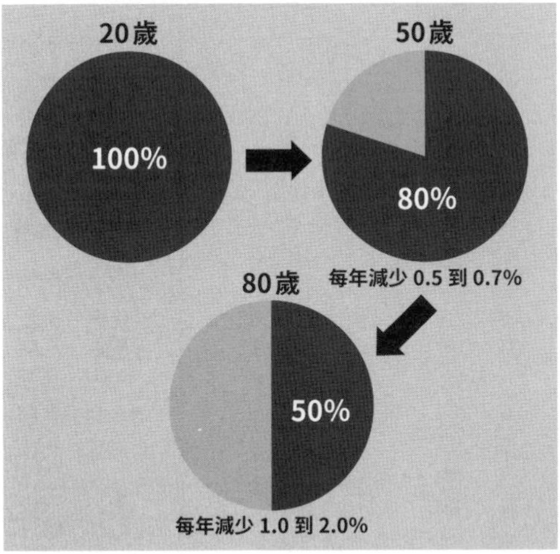

在沒有做肌力訓練的情況下，30歲至50歲之間，每年肌肉量會減少0.5到0.7%，50歲至80歲之間，每年肌肉量會減少1.0到2.0%。如果20歲的肌肉量為100%，到了50歲會變成80%，到了80歲則剩下50%。

人在沒有從事任何活動的狀態下消耗的最低限度熱量，就稱為基礎代謝。基礎代謝率約佔每日總消耗熱量的六〇%，**由於肌肉佔基礎代謝的二〇到三〇%，因此肌肉量隨著老化而減少時，消耗的熱量也會減少。**

在這種情況下和以前吃一樣的東西，當然會變胖。

一個人會變胖或變瘦，取決於從飲食中攝取的熱量，以及運動消耗的熱量，這兩者之間的平衡。

攝取的熱量超過消耗的熱量時，就會產生熱量盈餘。多出來的熱量會轉變為體脂肪，導致發胖。即使攝取的熱量沒有改變，當肌肉量減少造成消耗熱量減少時，同樣會產生熱量盈餘，因而發胖。因此，**肌肉量減少是造成中年發胖的最大原因。**

理論篇
02

瘦身的第一步是鍛鍊肌肉。增加一公斤的肌肉，一年即可多減二．五公斤的體脂肪

上了年紀的人，由於肌肉量減少導致發胖，行動變得吃力，而日常生活所消耗的熱量減少，又更容易發胖。

年輕的時候，總會冷眼看待那些擠在車站電扶梯前排隊的旅客，逕自爬樓梯出站，但是上了年紀後肌肉量減少，就會盡量避免爬樓梯，寧願大排長龍也要搭電扶梯。在辦公室也是一樣，雖然只是要下個一到兩樓，還是會不想走樓梯，寧可搭乘電扶梯。

如果像這樣懶得活動身體，肌肉就更容易減少，形成易胖體質。**肌肉量減少↓懶得活動↓發胖↓更懶得活動↓變得更胖，中年以後會陷入這種惡性循環，身材就像是滾雪球般愈來愈胖。**

如果想要斷絕這樣的惡性循環，想要變瘦，首先就要鍛鍊肌肉。

瘦身的方式只有兩種，看是要透過飲食減少攝取的熱量，或是透過運動增加消耗的熱量，而肥胖者為了瘦身，通常會從節食下手。由於大多數的肥胖者都不喜歡運動，控制飲食是比較容易實行的方式。

但是，**節食只會讓肌肉量變得更少。**

肥胖者攝取的熱量高於消耗的熱量，

熱量平衡呈現盈餘的狀態。如果想要瘦下來，就要將攝取的熱量控制在消耗的熱量之下，讓熱量平衡呈現赤字的狀態。在熱量赤字的狀態下，囤積於脂肪細胞的體脂肪會分解成為熱量，於是就會瘦下來。

然而，這套劇本有個陷阱。**在熱量赤字的情況下，不僅是體脂肪，連重要的肌肉也會被分解。**肌肉的成分中除了水分之外，大部分都是蛋白質，由於蛋白質也是熱量的來源，減少飲食攝取量後，肌肉中的蛋白質也會被分解，造成肌肉進一步減少，變得更容易變胖。

想要瘦下來的話，不應該減少肌肉量，反倒應該增加肌肉量。佔基礎代謝約二〇到三〇%的肌肉增加，消耗的熱量也會增加，就算沒有減少飲食量，也能形成熱量赤字，更容易變瘦。

每增加一公斤的肌肉，消耗熱量每日最多可增加五〇大卡，千萬別小看「最多增加五〇大卡」所帶來的效果。

一整年下來，多消耗的熱量為五〇乘以三六五，等於一八二五〇大卡，由於一克的體脂肪為七・二大卡，一公斤為七二〇〇大卡，計算下來一八二五〇除以七二〇〇約等於二・五公斤，每年可多減二・五公斤的體脂肪。各位要謹記「積沙成塔，積少成多」這句話，按部就班地實行肌力訓練，就能徹底消除泡芙型肥胖或中年肥胖的情形。

理論篇 03

人在太空時肌肉會急遽減少。即使人在地球表面，躺在床上不動肌肉也會減少

肌肉受到肌力訓練這種強烈刺激後，會變得更為發達，但如果沒有施加任何刺激，就會立刻退化。這種因為**長期沒有運用肌肉所導致的明顯萎縮現象，就稱為「廢用症候群」**。

讓大家了解到「廢用症候群」有多可怕的例子，就是早期的太空人。

在地球表面站立或是步行，都會有一G的重力。大多數的肌肉會發揮作用，以抵抗重力，支撐姿勢，因此光是要維持日常生活，肌肉都會在無意識之下受到最低限度的刺激。但是，太空中的重力趨近於零，導致肌肉處於歇息狀態。由於沒有受到任何刺激，肌肉會急速萎縮。

以結果來看，就算只有在太空待上幾天，太空人回到地球後往往會出現肌力退化的現象，甚至無法正常站立步行。當太空梭降落地球後，太空人得在支援小組的協助之下，送往醫院治療。

現今由以日本為首的世界各國共同經營的國際太空站，設備與技術完善，許多太空人得以在此長期居留。國際太空站實施了各式各樣預防肌力降低的策略，其中之一是刺激肌肉的肌力訓練。在國際太空

站裡，設有能進行深蹲等肌力訓練的器材與跑步機，太空人每天一定都要做滿一小時的肌力訓練。

千萬不能有「我又沒有要上外太空，不需要做肌力訓練」的想法。

多做肌力訓練能防止肌肉減少

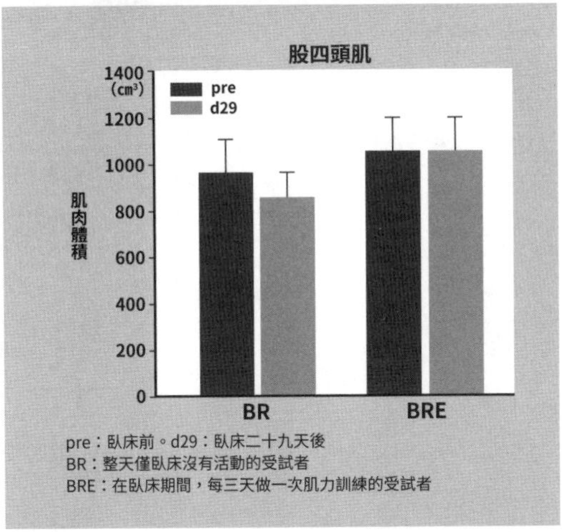

上圖為二十九天臥床實驗的結果，比較大腿前側的股四頭肌體積後，發現整天臥床沒有活動的受試者，肌肉逐漸減少。相較之下，每三天做一次肌力訓練的受試者則能防止肌肉減少。
Alkner and Tesch,2004

即使是身處隨時都有一G重力的**地球表面，根據生活習慣，也有可能會如同置身於太空般，出現肌肉減少的「廢用症候群」**。身體骨折的部位被打上石膏固定後，肌肉會以肉眼可見的速度萎縮。住院躺在病床靜養時，由於沒有運用肌肉，就像是早期的太空人般，站立和行走的力量都會因此減弱。

即使是健康的人，若假日整天躺在床上沒有活動，肌肉就會每天減少〇．一%。要是每個週末都懶散地躺在家裡，有可能在一個月的短暫期間內，就減少正常一整年份的肌肉量。因此，放假時請盡量活動身體，若時間充裕，不妨勤做肌力訓練。

理論篇 04

即使做了肌力訓練，贅肉也不會變成肌肉

到了了中年，贅肉會增多，身體各處產生令人煩惱的鬆弛現象。有人說**「是因為肌肉變成了贅肉」，但這其實是錯誤的觀念。**

贅肉其實是多餘的體脂肪，體脂肪是儲存於體內脂肪細胞的中性脂肪。脂肪細胞的直徑約〇．〇八毫米，其內部充滿一種叫做脂滴的中性脂肪聚合物。另一方面，肌肉是由名叫肌纖維的纖維狀細胞所組成，透過肌束膜綑綁後形成肌束。兩者的細胞種類不同，肌肉是無法轉變成體脂肪的。

從兩者的化學成分組成來看，也可證實肌肉不可能轉變成體脂肪。體脂肪是由碳（C）、氫（H）、氧（O）三種化學元素所組成，而製造肌肉的蛋白質除了碳、氫、氧之外，還需要氮（N）。由於化學成分不同，無法產生轉化現象。

反之亦同，**即使透過肌力訓練鍛鍊肌肉，體脂肪也不可能轉變成肌肉。**人在成年後，身體只有肌肉與體脂肪會有所增減，於是才讓人產生肌肉與體脂肪能互相轉變的誤解。無論是變胖或變瘦，心臟或肝臟等內臟以及骨骼，其尺寸都不會產生

變化。**原本瘦的人變胖，是因為體脂肪增加；胖的人變瘦，則是因為體脂肪與肌肉減少。**

體脂肪與肌肉，在大小（體積）與比重上也有所不同。體脂肪的比重為〇．九、肌肉為一．二，在重量相同的情況下，體脂肪的體積較大。此外，體脂肪質地柔軟、不緊實，而肌肉的質地緊實。當體脂肪增加、肌肉減少，體型會變得臃腫，身體無法抵抗重力，下巴、手臂、臀部的鬆軟贅肉（體脂肪）會開始下垂，導致身材走樣。

肥胖並不只是體重較重，而是體脂肪過度囤積的狀態。男性的體脂率（體脂肪佔體重的比例）只要超過二〇％，女性超過三〇％，就屬於肥胖族群。**即使體重正常，如果身體的肌肉較少、體脂肪較多，體脂率就會變高，這就是所謂的泡芙型肥胖。**

如果平常只監測體重的變化，便難以察覺身體內部（身體組成）的變化，會在不知不覺中形成泡芙型肥胖。因此，平常除了要測量體重，還要準備一台能測量體脂率跟肌肉量的體脂計，才能早期發現泡芙型肥胖。

要消除泡芙型肥胖，不能只依靠減少飲食量的瘦身方法。如同前述，在節食期間，身體為了補充不足的熱量，會分解肌肉的蛋白質，使體型走樣。**在瘦身的同時進行肌力訓練，除了可避免肌肉減少，還能有效消除體脂肪。**這樣才能讓肌肉的輪廓更為明顯，打造出緊實的體態。

理論篇
05

四十歲以後若不做肌力訓練，每五人中就有四人未來有可能無法正常步行

想要練出厚實的胸膛、想要擁有平坦腹部、想瘦腿等等……很多人開始做肌力訓練的動機，都是想要改變自己的外貌與身材，但不在意外貌的人，同樣需要做肌力訓練。如果平常沒有透過肌力訓練鍛鍊肌肉，將來會有無法健康、自立生活的風險。

運動器官是幫助身體自由站立、步行，能自立生活的基礎。所謂的運動器官，就是與人體移動有關的器官，包含肌肉、骨骼、關節、軟骨等。因為運動器官退化或產生障礙，造成人體移動功能低下的狀態，就稱為「運動障礙症候群」（Locomotive Syndrome），簡稱 LOCOMO。

日本是世界數一數二的長壽國家，但現在日本人的平均壽命與健康壽命之間的差距，成了一大問題。健康壽命是指「日常生活不需要他人照料，能自立生活的壽命」。男性的健康壽命大約比平均壽命短九年，女性大約短十二年，在這段期間不得不在自立性極低的狀態下，度過不自由的生活。對於邁入超高齡化社會的日本而言，如何讓健康壽命更接近平均壽命，將會是一大課題，其中最重要的，便是預防運動障礙症候群。

生活自立性降低、需要他人照料與協助，就是健康壽命縮短的最大敵人。造成

需要他人協助或照護的原因

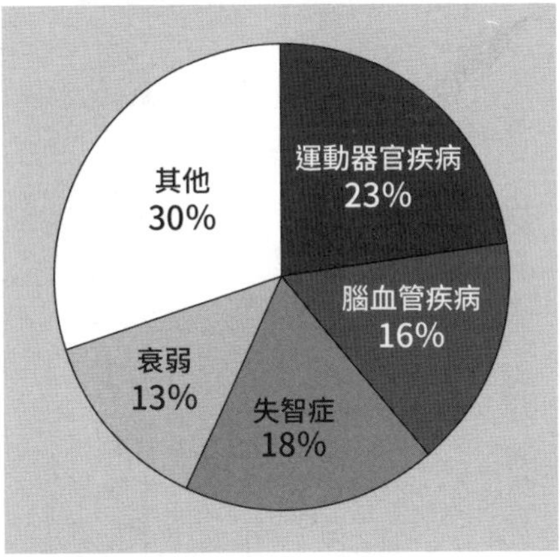

自立性低下，需要他人協助或照護的原因之中，第一名為運動器官疾病，佔整體的23%。若能預防運動障礙症候群的發生，即可延長自立生活的期間，進而延長健康壽命。
資料來源：厚生勞動省《令和元年國民生活基礎調查》

健康壽命縮短的主要原因中，第一名是運動器官的疾病，佔整體的二三%。每四人中會有一人罹患運動障礙症候群，導致健康壽命縮短。**若能透過肌力訓練來強化運動器官，就能預防運動障礙症候群，延長健康壽命。**

很多人認為運動障礙症候群或健康壽命，是老年人才須面對的問題，但千萬不能有這種事不關己的想法。根據日本厚生勞動省的調查，**四十歲以上的中年人之中，每五人就有四人罹患運動障礙症候群，或屬於運動障礙症候群的高風險族群。**

代謝症候群（Metabolic Syndrome）簡稱METABO，聽起來跟LOCOMO很像。代謝症候群是指肥胖（內臟脂肪型肥胖）、血壓、血糖值、脂質數值異常，處於容易罹患生活習慣病的狀態。**代謝症候群透過血壓等數值就可以看出來，能及早治療，但運動障礙症候群是難以從數值中看出，具有難以察覺運動器官退化的危險性。**

日本骨科學會表示，只要發現自己出現無法單腳穿襪子、一定要扶扶手才能爬樓梯、購物後無法提著兩公斤的重物走回家、難以持續步行十五分鐘左右等症狀，都有可能是罹患運動障礙症候群，請各位有空時自我檢查看看。

理論篇

06

肌力訓練無論從幾歲開始都不嫌晚，都會有效果

據說趁年輕的時候練習英文會話或學開車，會學得更好且更快上手。

雖然有人上了年紀後下定決心學英文，也練出一口流利的英文，或是順利考取汽車駕照，但跟年輕時期相比，需要更加努力才能辦到。因此，很多人到了一定的年紀，就會放棄學習英文會話或考取汽車駕照。

相較之下，**肌力訓練無論從幾歲開始進行，只要姿勢正確並對肌肉施加適度的負荷，雖然進步幅度會比年輕時慢一些，但肌肉依舊會成長。無論從幾歲開始做肌力訓練，都不嫌晚。**

不管是從學生時期起就完全沒有運動經驗的人，或是很久沒有運動的人，都可以抽空前往自家附近的健身房測量體能，學習肌力訓練的基本方法，如此一來通常會獲得更好的效果。持續上健身房的花費很可觀，也可以先加入會員三個月左右的期間，等到學會肌力訓練的訣竅後再退出，改成在家進行肌力訓練。在健身房體會到運動的樂趣後，請持之以恆，將肌力訓練變成日常生活的習慣。

老年人做肌力訓練也有一定的效果。根據研究，即便是八、九十歲的老年人，都能透過肌力訓練達到肌肥大的效果。肌

老年人做肌力訓練也能獲得成效

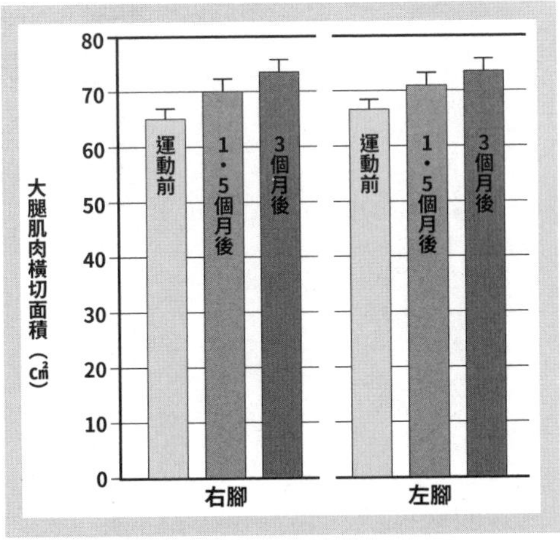

本實驗邀請了60到72歲的受試者，每週進行3次高負荷訓練。經過實驗發現，在3個月後，受試者的腿部肌肉平均增大了11%。還有許多報告顯示出，80歲以上的受試者也會出現肌肥大的現象。
資料來源：Frontera 等1988年

肉是人體中新陳代謝最旺盛的組織，雖然上了年紀後，肌肉會開始萎縮，但只要施加適度的刺激，肌肉就會快速甦醒，開始成長。傳統觀念認為「肌力訓練是年輕人在做的」、「不能讓老年人提重物」，但如今，有愈來愈多的專家認為從預防運動障礙症候群的觀點來看，老年人也應該積極進行肌力訓練。

不過，有些老年人的關節或骨骼等部位已老化，如果貿然開始肌力訓練，會有受傷的風險。跟肌肉相比，關節或骨骼的功能一旦退化，要恢復是相當困難的。因此，老年人想要開始進行肌力訓練時，務必先尋求醫師的建議。

據說日本女演員森光子保有每天做一百次深蹲的運動習慣；另一位女演員吉永小百合，則是會在每天晚上做腹肌與背肌運動一百次。**保持健康最重要的祕訣，就是找出自己容易持續的肌力訓練，並將之養成習慣。**

理論篇
07

運動神經不好的人，反而適合做肌力訓練

向他人推廣做肌力訓練的好處時，有些人會膽怯地回說：「我不擅長運動，更不可能做肌力訓練。」

其實，運動經驗少或是四肢不靈活的人，反而更適合做肌肉訓練，可以安心地嘗試看看。

接下來會詳細說明，為何不擅長運動的人，反而適合做肌力訓練。

不擅長運動俗稱「運動神經不好」，實際上在控制主要部位肌肉運動的，就是運動神經。當肌肉收縮時，身體會處在用力狀態，這是因為運動神經接收到腦部的指令，對肌肉傳達收縮的信號。雖然人人都有運動神經，但運動神經與肌肉的合作不順暢，無法在最佳時機控制肌肉做出理想動作的人，就會被稱為「運動神經不好」；反之，「運動神經好」的人能流暢地控制並靈活使用複數的肌肉，以棒球或足球為首的各種運動都難不倒他們。

但是，**肌力訓練並不需要運動神經。**肌力訓練的最大訣竅，就是設定好鍛鍊的目標，每次僅活動單一的肌肉。因為在單點施加負荷，肌肉更容易成長。

在日常生活中，進行球類運動等各項運動時，都要同時運用複數的肌肉，無法光靠單一肌肉活動，因此肌力訓練並不是

一種有效率的身體活動方式。運動神經優異的人，會在無意識中有效率地運用身體部位，即便想活動單一肌肉，其他的肌肉也會去輔助，造成負荷分散，讓肌力訓練的效果大打折扣。因此，**運動神經不好的人，雖然四肢不靈活，但擅長活動單一的肌肉，反而能提高肌力訓練的效果。**

即便如此，也不代表運動神經極佳的運動天才就無法做肌力訓練。席維斯・史特龍與阿諾・史瓦辛格是好萊塢的肌肉動作派男星代表。有看過史特龍的成名電影《洛基》的人，應該會發現他的運動神經相當優異。拍電影的時候，大部分的激烈動作戲他都是親自上陣，沒有找替身演員；另一方面，阿諾則意外是個運動神經不好的人，據說大多數的動作戲，都是由替身演員上陣。

缺乏運動神經的阿諾發揮他的專長，在號稱健身界世界最高峰的奧林匹克先生大賽中，總計獲得過七次冠軍。史特龍雖然不是健美先生，但他努力克服運動神經優異的不利條件，依舊塑造出健壯的體態。因此，即使是運動神經好的人，也不必感到悲觀。

理論篇 08

肌力訓練不可以每天做，每週做兩次是最有效率的

健走等輕度運動可以每天進行，但肌力訓練可不能每天做，每週做兩次就十分充足了。

透過肌力訓練使肌肉成長的機制，可以用「超回復模式」來說明。

藉由肌力訓練強力刺激肌肉後，肌肉會累積疲勞，之後讓身體適度休息，攝取醣類與蛋白質等營養，肌肉就會從疲勞中恢復，並獲得成長。跟前一次進行肌力訓練時相比，肌力會略為提升，由於「恢復後的程度超過以前」，所以稱為「超回復」。**一般認為肌肉是為了在下次面對相同刺激時能承受得住，而發生超回復現象。**

算好超回復的週期，再進行下一次訓練，肌肉就會連續產生超回復，產生突飛猛進的成長。肌力會與肌肉剖面圖成正比，所以肌力上升等於肌肉肥大，也就代表肌肉有所成長。

雖然會因肌力訓練的強度而異，不過從做完訓練到超回復的時間，通常為四十八小時至七十二小時。因此，間隔兩到三天，每週做兩次肌力訓練最為合適。

許多人會只關注每週兩次的訓練頻率，但是要活用超回復的原理，最重要的是每次訓練的間隔。不要因為「平日沒有時間訓練」，就把肌力訓練集中在週末，請

肌力訓練的超回復模式圖

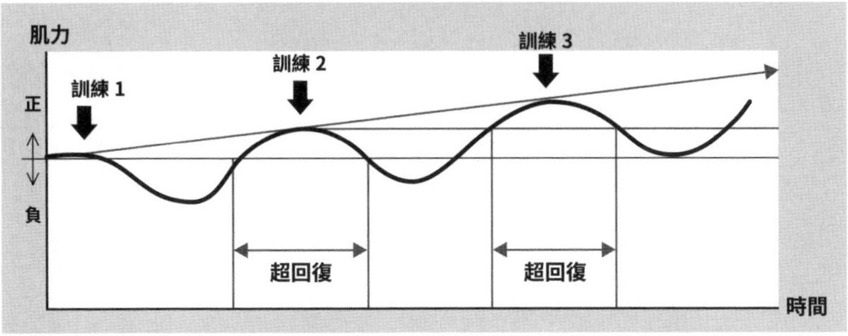

進行肌力訓練時，肌肉會暫時分解，使肌力降低。經過適度的休息與補充營養後，身體會優先促進肌肉合成，恢復肌力。這樣的過程大約需要48至78小時，在最佳的時間點進行下一次的肌力訓練，即可有效率地鍛鍊身體。

安排星期一→星期四→星期日→星期三……間隔兩到三天進行肌力訓練。

日本人個性認真，往往會認為得做大量的訓練才會有效果，但如果將頻率增加到每週四次或五次，肌肉很容易因過度訓練而疲勞。

在肌肉尚未從疲勞恢復的時候，就進行下一次的肌力訓練，難以產生超回復現象，訓練品質會降低，無法順利達到肌肥大的目標。運動員常說「休息也是訓練的一環」，就是基於這個道理。

另一方面，如果訓練的間隔超過四天，超回復就會結束，肌力將回到原本的狀態。這麼一來，好不容易持續努力進行的肌力訓練，就會陷入原地踏步的狀態。在一來一往的過程中，肌肉遲遲無法成長。**建議依據自身生活習慣，找出方便進行肌力訓練的日子，維持每週兩次，每次間隔兩到三天的週期，持續鍛鍊。**

理論篇
09

人體的肌肉超過四百種，需要好好鍛鍊的有十四種，可針對重點部位鍛鍊以提高效率

雖說統稱肌肉，但人體其實有著各式各樣的肌肉種類。心臟是由心肌所組成，內臟則是由平滑肌所組成。不過，**骨骼肌才是肌力訓練的主要對象。骨骼肌是橫跨關節兩側，附著於骨骼的肌肉。**肌肉＝骨骼肌的相關知識，是本書中最重要的內容，當肌肉收縮，關節就會活動，做出人體各種複雜的動作。

人體就是肌肉的集合體。肌肉約佔體重的三〇到四〇%，如果連細小的肌肉都算進去的話，全身大約有四百種肌肉，因為不可能有時間逐一鍛鍊所有的肌肉，所以要針對重點部位進行有效率的訓練。

在四百種肌肉當中，要優先鍛鍊的是位於身體外側的表層肌。位於外側的表層肌影響著身體的線條輪廓，由於表層肌體積比其他肌肉大很多，把它練起來就能提高基礎代謝，打造不易發胖的體質。想要雕塑體型並預防中年發福，優先鍛鍊表層肌是最有效率的訓練方式。

需要優先鍛鍊的表層肌有以下所列舉的十種肌肉（詳細的部位與功能請參考三〇頁）。

下半身有位於大腿前側的股四頭肌、

大腿後側的腿後肌、臀部的臀大肌、小腿肚的小腿三頭肌。

軀幹有腹部的腹直肌、側腹部的腹斜肌、脊椎旁邊的豎脊肌。軀幹是指四肢以外的軀體中心部位。

上半身有胸部的胸大肌、背部的背闊肌、肩膀的三角肌。

以上是要優先鍛鍊的十種肌肉，再加上背部的斜方肌、上臂前側的肱二頭肌、上臂後側的肱三頭肌、臀部的臀中肌，效果更佳。一次鍛鍊上述十四種肌肉會很花時間，請先從下半身的肌肉開始進行肌力訓練。

相對於表層肌，位於身體深層的肌肉稱為深層肌。深層肌位於靠近骨骼的地方，作用是保持關節的動態穩定性。關節的動態穩定性，是指利用肌肉來穩定關節。相較於動態穩定性，靜態穩定性則是透過關節或韌帶等固定不動的部位來支撐關節。

近年來，深層肌的重要性備受關注，不過在日常生活中經常會用到深層肌來提高動態穩定性，因此深層肌較不會受到運動不足或年齡增長的影響，運氣好的話甚至不容易退化。**而表層肌容易因運動不足或年齡增長而退化，所以做肌力訓練的時候，要將重點放在表層肌。**

做肌力訓練時要優先鍛鍊的肌肉及其作用

正面

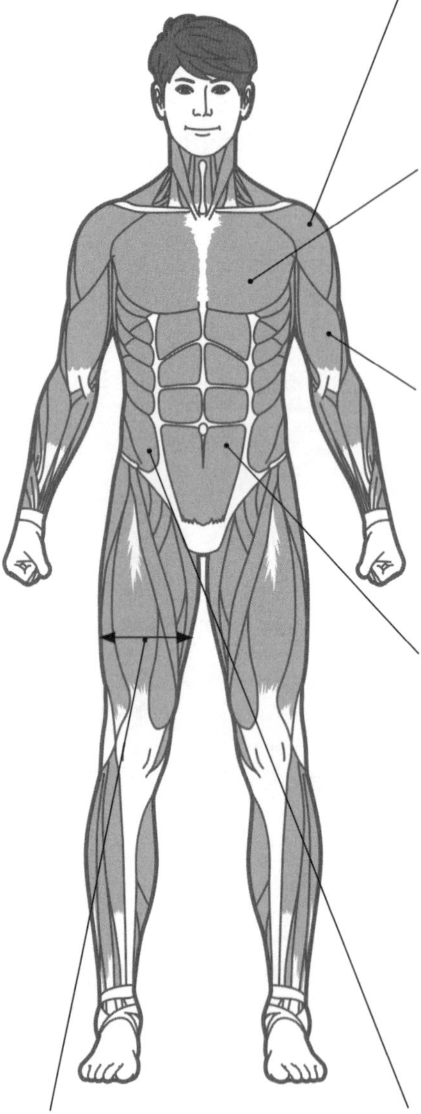

三角肌

如肩墊般覆蓋左右肩膀，可使肩膀自由活動。鍛鍊三角肌能讓肩膀變寬，使上半身的倒三角形體態更為明顯。

胸大肌

位於身體正面，呈扇形的左右成對肌肉。經過訓練很容易變健壯，厚實的胸膛能強調上半身的魁梧。可使手臂向前伸出。

肱二頭肌

位於上臂前側的肌肉。經過鍛鍊後會隆起，就像大力水手卜派吃下菠菜後手臂隆起的肌肉。作用是使手肘彎曲。

腹直肌

位於腹部正面，連接肋骨與骨盆的縱向肌肉，作用是使脊椎彎曲。減掉體脂肪後，就能看到分成六或八塊的腹直肌。

股四頭肌

位於大腿前側的強壯肌肉。是股直肌、股外側肌、股內側肌、股中間肌的總稱。作用是伸展膝關節，而股直肌則負責彎曲髖關節。

腹斜肌群

位於側腹部，經過適度鍛鍊就能產生線條。腹斜肌群是位於外側的外腹斜肌與內側的內腹斜肌之總稱，扭轉軀幹的時候，外腹斜肌與內腹斜肌會同時作用。

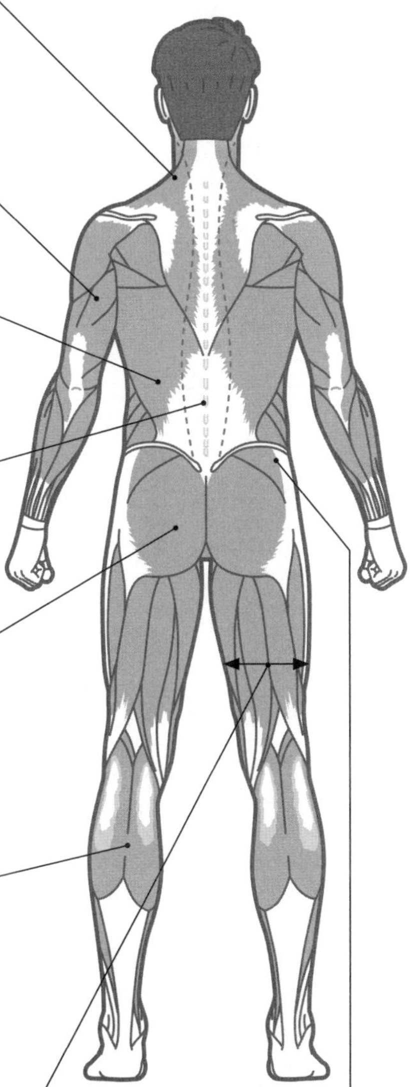

斜方肌

從後頸延伸到肩膀與上背部，呈菱形的強健肌肉。覆蓋上背部，負責控制肩胛骨的活動。又分為上、中、下三個區塊。

肱三頭肌

位於上臂的後側，作用是伸展手肘。肱三頭肌的肌肉量比肱二頭肌更多，若是退化，就容易出現蝴蝶袖。

背闊肌

呈Ｖ字形，從脊椎與骨盆延伸到上臂骨骼，是覆蓋整個背部的重要肌肉。引體向上時手臂下拉的動作會運用到背闊肌。

豎脊肌

與脊椎平行的多數肌肉總稱。運動量不足時容易退化的程度僅次於下半身。加強鍛鍊還會有改善姿勢的效果。

臀大肌

連接骨盆與大腿骨的強健肌肉。影響著臀部的形狀，經鍛鍊後能提臀，讓臀部更緊實。臀大肌的另一個作用是延伸髖關節。

小腿三頭肌

讓小腿肚呈現隆起外觀的肌肉。由表層的腓腹肌與深層的比目魚肌所構成。它們共同負責腳踝的伸展，而腓腹肌還有彎曲膝關節的作用。

腿後肌

位於大腿後側的強健肌肉。腿後肌是股二頭肌、半腱肌、半膜肌之三條肌肉的總稱。負責彎曲膝關節以及伸展髖關節。

臀中肌

連接骨盆與大腿骨的肌肉。作用是幫助步行等動作，將身體重心放在單腳時，臀中肌會支撐骨盆，防止另一側的臀部下垂。

理論篇 10

肌肉由兩種纖維所組成，混合比例大致上由遺傳決定

在正式進行肌力訓練前，要先帶各位認識肌肉的組成與結構。

肌肉是由無數的肌纖維所綑綁而成，肌纖維是細長的纖維狀細胞，約一根頭髮粗。肌纖維中還充滿著名為肌原纖維的纖維狀物質。

肌動蛋白與球蛋白兩種蛋白質組成一個組合並連成一列，就成了肌原纖維。

當負責控制肌肉的運動神經末梢發出「收縮」的信號時，肌動蛋白會滑入球蛋白之中。在這連成一列的組合中，由於肌動蛋白滑入球蛋白內，肌原纖維收縮，於是肌纖維與肌肉也連帶收縮（請參考三五頁）。

若要詳細分析肌纖維的結構，又可分為慢肌纖維與快肌纖維兩種（在專業上可細分更多類型，稍後會在四四、四五頁詳細說明）。

慢肌纖維如同其名，收縮速度較慢，只能發出微弱的力量，但是持久力較佳；而快肌纖維的收縮速度較快，能瞬間發揮強大力量，但持續時間較短，很快就感到乏力。

所有的肌肉都是由這兩種類型適度混

合而成。由於慢肌與快肌纖維性質相反，兩者混合後能產生截長補短的功效，提高肌肉的整體機能。

由於慢肌的外觀為紅色，又稱為紅肌；而快肌的外觀為白色，又稱為白肌。鮪魚及鰹魚等在大海中洄游的魚類，由於肌肉組成以高持久力的紅肌居多，所以是紅肉魚；比目魚和鰈魚等潛伏於海底的沙子或泥土的魚類，遇到小魚靠近時會突然衝出獵食，肌肉結構以爆發力佳的白肌居多，所以是白肉魚。

人類的快慢肌幾乎是各半，但混合比例還是具有個人差異，遺傳是決定混合比例的重要因素。過去大家認為，快慢肌的混合比例是無法透過後天改變的，但現今這個理論已經被否定。持續進行慢跑等持久力訓練時，慢肌纖維會增加；從事肌力訓練等瞬間爆發力訓練時，快肌纖維會增加。因此，經過鍛鍊的短跑選手，其雙腳的肌肉以快肌居多；馬拉松選手的雙腳肌肉則以慢肌居多。

比較慢肌與快肌後，會發現快肌容易因年齡增長而衰退。然而也幾乎只有快肌能透過肌力訓練獲得成長，變得更加肥大。即使是天生快肌比例較少的人，只要持續進行肌力訓練，快肌同樣也會增加。雖然年紀增長會造成快肌的退化，但若努力做肌力訓練，就能重拾健壯的肌肉。

認識肌肉的基本構造

骨骼肌是需要鍛鍊的部位

構成人體的肌肉有各式各樣的種類，心臟與內臟也是肌肉的一種，但是透過肌力訓練能加強鍛鍊的是附著在骨骼、負責活動關節的骨骼肌。

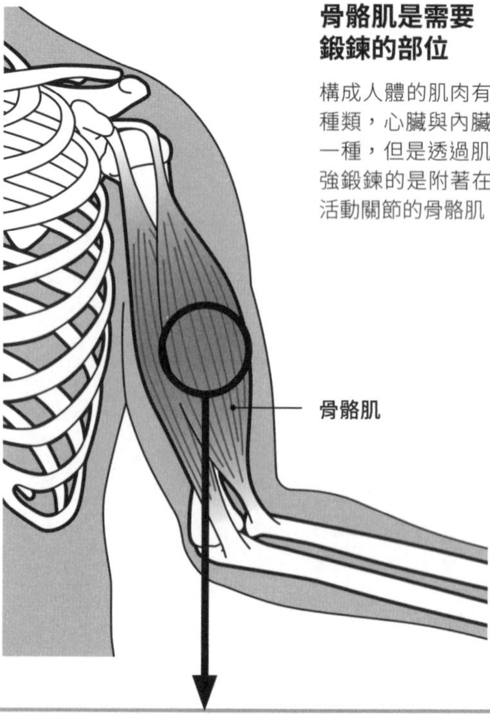

肌肉是肌纖維的集合體

骨骼肌是由名為肌纖維的無數細長細胞綑綁而成。肌纖維中包含持久力較強的慢肌纖維，以及具優異爆發力的快肌纖維。

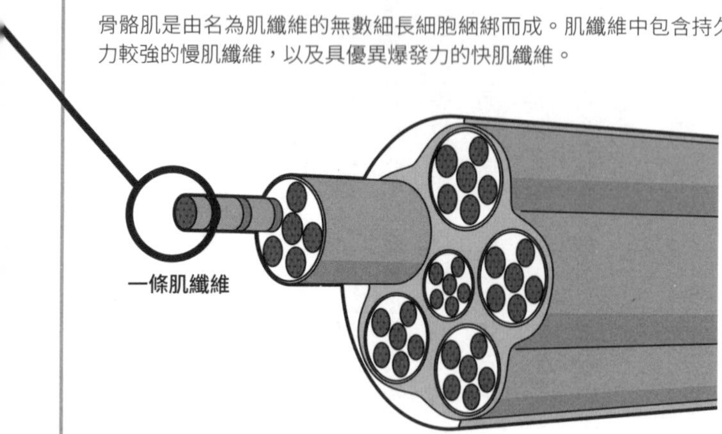

肌纖維中充滿密密麻麻的肌原纖維

肌纖維內部塞滿了密密麻麻的肌原纖維。肌原纖維是由肌動蛋白與球蛋白這個作為收縮裝置的蛋白質所構成。

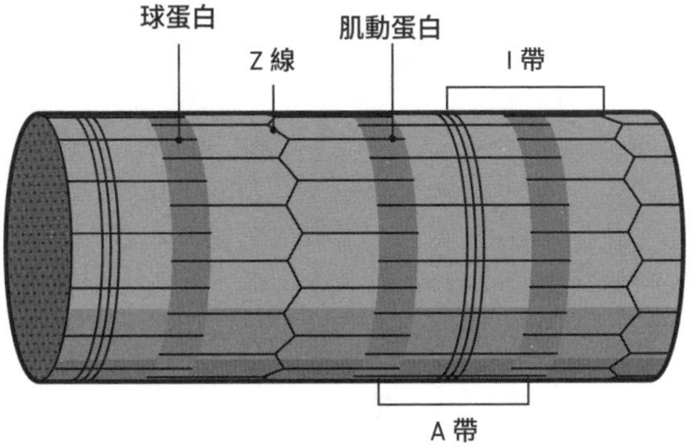

肌原纖維伸縮的原理為何？

當運動神經發出「收縮」的信號時，肌動蛋白會滑入球蛋白之中，讓整體肌肉變短以活動關節。

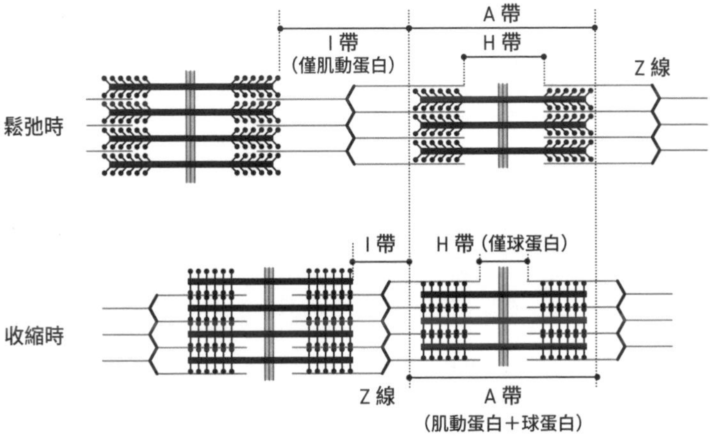

理論篇

11

過去大家都說肌肉不會增加，但現在大家已經了解到肌肉是可以增加的

「肌肉變大」是在日常生活中經常聽到的說法，但由於肌肉兩端有骨骼，所以肌肉是無法縱向變大的。

肌肉只會橫向變大，肌肉的成長稱為肌肥大。也就是說，只有肌肉變粗才會形成肌肥大。肌力取決於肌肉的橫切面積，肌肉變粗，肌力也會提高。

肌纖維的肥大，是肌肥大的首要條件。如同前述，肌肉是由名為肌纖維的無數細長細胞綑綁而成，而肌纖維的內部又塞滿了肌原纖維，當肌原纖維一條接著一條變粗，肌纖維與整體肌肉就會逐漸肥大。

接下來要詳細解說肌肥大的原理。

細胞是組成人體的基本單位，每個細胞通常含有一個細胞核，然而肌纖維卻含有數個細胞核。這種含有複數細胞核的細胞就稱為多核體。

構成肌原纖維的蛋白質會一直反覆分解與合成。為了讓分解與合成的比例保持平衡，肌肉的大小並不會改變。當我們進行肌力訓練刺激肌肉時，肌纖維的細胞核會接收訊息，並讀取「增加蛋白質合成量」的基因訊息。根據促進合成的信號，肌肉會提高蛋白質合成的分解能力，肌原

纖維因而變粗。

如果持續進行肌力訓練，肌肥大會到達極限。就像是手機基地台訊號涵蓋的固定範圍，每個細胞核所發出的促進合成信號，能影響的範圍是有限的。為了促進肌肥大，肌纖維的細胞數會增加。**而負責提供新細胞的，是名為肌衛星細胞的細胞。**

肌衛星細胞存在於包覆肌纖維的「基底膜」之間。肌衛星細胞平常會處於休眠狀態，抑制細胞的分裂，但只要出現某種契機，就會開始進行活躍的細胞分裂。身體受傷造成肌纖維受損的時候，肌衛星細胞就會進行融合，幫助肌纖維再生。不過我們現在知道，只要進行肌力訓練，它也能與正常肌纖維融合，增加細胞核，促進肌肥大。

肌衛星細胞不僅能與既存的肌纖維融合，還具有單獨成長為全新肌纖維的能力。單靠肌纖維，肌肥大有其極限，但細胞分裂後的肌衛星細胞聚集後會變成「肌管細胞」，而肌管細胞會成長為全新的肌纖維。

就像這樣，**肌纖維增加後，並不會隨著時間而減少。因此，若能定期持續做肌力訓練，增加肌纖維，就能打造出容易肌肥大的體質。**

理論篇 12

透過肌力訓練讓身體分泌睪酮，可提升幹勁並改善憂鬱狀態

荷爾蒙的作用，是形成肌肥大的重要機制之一。

分解身體組織的過程，稱為異化作用；合成的過程則稱為同化作用。**身體分泌同化類固醇後，更容易將蛋白質導入肌肉，有效促進肌肥大。**

胰島素與男性荷爾蒙之一的睪酮，都是同化類固醇的代表。由於男性分泌的睪酮較多，與女性相比，男性更容易鍛鍊出肌肉。有些健美選手或運動員服用的同化類固醇等禁藥，其成分與作用與睪酮相似。

雖然女性也會分泌睪酮，但分泌量比男性少，即使進行肌力訓練，肌肥大的程度仍不如男性。有些女性會說：「很怕自己變成金剛芭比，因此不會想做肌力訓練。」但這都是杞人憂天。為了美麗與健康，女性也要勤做肌力訓練，讓肌肉量維持在二十幾歲的水準。

睪酮除了帶有同化類固醇的作用，也與維持性功能、性慾、幹勁有關，還能去除有害的活性氧，預防動脈硬化或癌症等生活習慣病。

男性的睪酮分泌量會在二十幾歲時到達巔峰，之後逐漸衰退。**四十歲以後，由**

於睪酮分泌量減少，會出現性慾降低或消極、疲勞、憂鬱等症狀，很多人以為這些症狀是壓力所造成，其實是睪酮隨著年紀增長而減少所導致。這些症狀俗稱男性更年期，醫學上的正式名稱為遲發型性腺功能低下症（LOH）。

由於肌力訓練具有增加睪酮的效果，對於預防與改善男性更年期的症狀非常有幫助。如果能定期持續做肌力訓練，可緩解睪酮因年齡增長而減少的現象，提高性慾與積極度，也有助於改善疲勞或憂鬱狀態。

如果想知道自己的睪酮分泌量，可到抗老健康諮詢門診檢測。睪酮的濃度會受到遺傳等因素影響，據說慣用手的無名指比食指更長的人，天生的睪酮濃度較高。

除了睪酮，同化類固醇也具有生長激素的成分。**在做完高強度的肌力訓練後，腦下垂體會分泌生長激素，生長激素經由血液運送到肝臟，變成名為IGF-1（類胰島素生長因子-1）的成長因子。IGF-1會命令身體增加製造肌肉的蛋白質合成量。**最近普遍認為，生長激素與肌肥大無直接關聯，最大的關鍵在於IGF-1、胰島素，以及睪酮。

理論篇 13

集中鍛鍊大肌群與目標肌肉，以獲得IGF-1的加乘效果

可促進肌肥大的同化類固醇中，以男性荷爾蒙之一的睪酮為代表。雖然女性的睪酮分泌量比男性少，但只要認真進行訓練，依舊能培養出充足的肌肉量，**這是因為受到胰島素等睪酮以外的同化類固醇影響。**

在上一頁提到，透過肌力訓練讓腦下垂體分泌生長激素後，就會產生名為IGF-1的物質。

荷爾蒙是作用於全身的生理活性物質。當生長激素於骨骼產生作用，能促進骨骼的成長；於脂肪組織產生作用，可促進脂肪的代謝；如果在腦部產生作用，有可能提升記憶力或動力；若生長激素在肝臟產生作用，會製造出IGF-1，促進肌肉蛋白的合成。

現在我們知道，相較於生長激素，IGF-1才是直接影響肌肥大的物質。

有趣的是，IGF-1不僅可由肝臟製造，甚至連受到直接刺激的肌肉，也會製造IGF-1。因為IGF-1可以局部產生，只要鍛鍊大腿的肌肉，就能促進大腿的肌肥大；鍛鍊背部肌肉，就能促進背部的肌肥大。

藉由生長激素促進 IGF-1 分泌，促進肌肥大

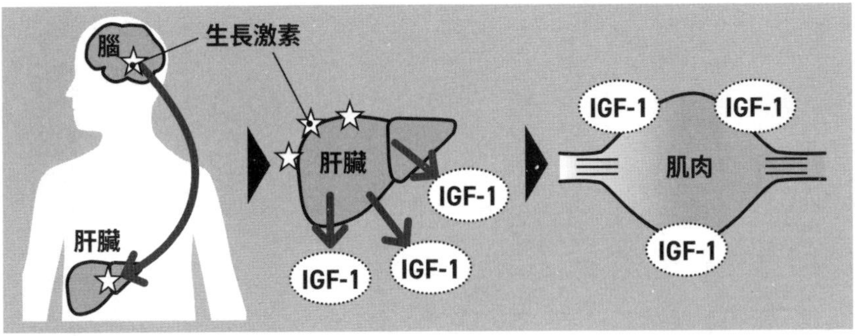

腦下垂體分泌生長激素，對肝臟產生作用。

藉由生長激素，促使肝臟分泌 IGF-1。

IGF-1 對肌肉細胞產生作用，促進肌肥大。

借助IGF-1的力量，有一套更高效率的肌肥大的實踐法。肝臟所製造的IGF-1，分泌量取決於受刺激的肌肉量。分別鍛鍊手臂與大腿股四頭肌，後者能分泌更多的IGF-1。**肝臟所製造的IGF-1會經由全身對各部位產生影響，因此分泌量愈多，促進肌肥大的效率愈高。**再加上與鍛鍊目標部位製造的IGF-1產生加乘效果，又能進一步提高效率。

例如，想要讓肱三頭肌肥大，除了要鍛鍊手臂之外，多加入能刺激下半身大肌群的深蹲運動，能更快速達成肌肥大。

附帶一提，現在有一種能讓肌肉有效分泌IGF-1運動刺激方法。**那就是比起瞬間使出巨大力氣的刺激，在一段時間內讓肌纖維持續出力的刺激方式更具效果。**以仰臥推舉為例，緩緩地將槓鈴帶回胸前的動作，其肌肥大的效果比一口氣舉起槓鈴的動作更好。

理論篇 14

名為mTOR的肌肉蛋白質，是直接促進肌肥大的物質

藉由睪酮、生長激素、IGF-1等物質促進肌肉蛋白的合成，是肌肥大過程的第一步，也就是剛按下肌肥大開關的階段。按下開關後，肌肉內部會產生哪些變化呢？經過近年的研究，逐漸掀開了其神祕面紗。

關鍵字之一是「mTOR」（mammalian Target Of Rapamycin）。mTOR是存在於肌肉細胞內的蛋白質，其中含有的酵素成分，是促進肌合成的信號。

原本mTOR是從酵母中發現的蛋白質，其免疫抑制作用受到重視。後來陸續地發現，哺乳類動物也擁有相同的蛋白質，而且它除了免疫抑制作用以外，還能監控細胞內的營養狀態，可依照營養狀態促進細胞的增殖，以及防止「自噬」這種蛋白質分解現象的發生。

而現在，知道mTOR具有讓肌肉肥大的作用後，它在運動生理學的領域中成為備受矚目的物質之一。另外，在動物實驗中發現，mTOR也有助於延續生物壽命，這一點也同樣受到世界各國的學者關注。

至於該如何讓mTOR運作，專家提出了透過機械性的運動刺激、胰島素或生

長激素的分泌、攝取作為胺基酸的一種的白胺酸等方式。藉由以上的刺激，活化mTOR，就能促進肌肉蛋白合成的最終過程，也就是基因的轉譯。如果說同化類固醇是啟動肌肥大的最初開關，那mTOR的活化就是連結以上作用與肌肥大結果的重要媒介。

因 mTOR 啟動的肌肥大機制

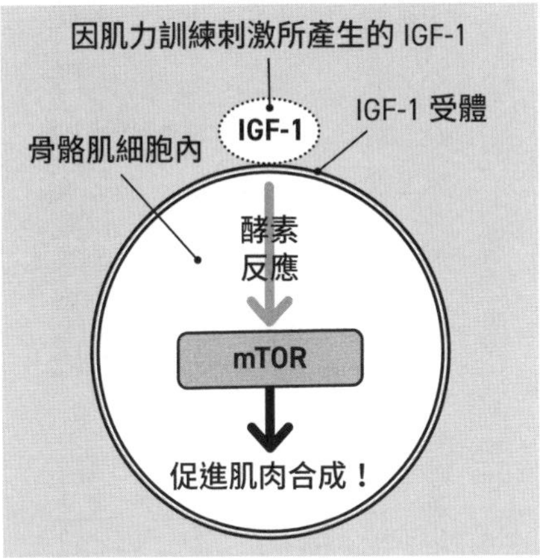

IGF-1是最初的開關，自受體吸收 IGF-1後，肌肉內部的各種酵素產生活化的連鎖反應。最後，mTOR 也獲得活化，按下啟動肌肥大的最終開關。

活化mTOR的同時，蛋白質的分解系統也會受到抑制。當肌肉蛋白不斷合成，分解受到抑制，最後肌肉量就會增加。

現在，透過運動刺激來促進mTOR活化的相關研究正在進行。目前已經知道，比起急遽使力拉扯肌肉的運動，使力時緩緩延展肌肉的運動刺激更為有效。期待未來進一步的研究結果。

理論篇
15

肌力訓練過度，有可能導致力量衰退

先前在理論篇10（三二頁）提過，肌肉分為慢肌與快肌兩種，而混合比例又有先天的個人差異，但是透過運動等後天鍛鍊，有可能改變慢肌與快肌的混合比例。

接下來會更詳細地解說慢肌與快肌的相關知識。

在生物化學領域中，慢肌纖維稱作第Ⅰ型，快肌纖維稱作第Ⅱ型。**慢肌只有第Ⅰ型一種，而快肌第Ⅱ型又可分為純粹的快肌第Ⅱx型，以及持久力較佳的第Ⅱa型。**

慢肌看起來偏紅，所以稱為紅肌；快肌看起來偏白，所以稱為白肌。這麼說來，快肌第Ⅱx型屬於「白肌」，那第Ⅱa衍生型應該屬於「粉紅肌」嗎？

肌肉的性質會因運動刺激而產生變化。例如，參加八百公尺田徑比賽的選手雙腿上，大多數的快肌原本都是第Ⅱx型。為了快速跑完八百公尺的中距離比賽，他們需要鍛鍊出一定程度能發揮爆發力的肌肉。

假設同一位選手轉去參加一萬公尺長跑，那他的快肌第Ⅱa型比例將會增加。因為一萬公尺長跑，需要比八百公尺比賽多

肌纖維的類型

	收縮速度	肌紅素量	粒線體量	顏色
第 I 型（慢肌）	慢	多	多	紅色
第 II a 型（快肌）	略快	中等	中等	粉紅色
第 II x 型（快肌）	很快	少	少	白色

慢肌只有第 I 型一種，快肌則依持久力高低分為 a 與 x 兩種。肌紅素為儲藏氧分子的色素蛋白質，粒線體則是透過氧氣來製造能量的器官。

十倍以上的耐力。

如果再換成馬拉松賽事，選手的快肌中大多都會是第IIa型纖維。對於長跑選手而言，他們不需要純粹的快肌，這也是理所當然的結果。

快肌會受到訓練類型的影響，逐漸「慢肌化」。那麼，能不能透過瞬間爆發力的訓練，將已經慢肌化的肌肉再次「快肌化」呢？目前認為是辦不到的。肌肉一旦慢肌化，就不會再改變了。

在肌力訓練領域也是同樣的原理。**若是像健美選手一樣，對於單一部位進行好幾種、數幾組的輕負荷訓練，長時間下來，快肌會變得肥大，但也會逐漸慢肌化。**換言之，雖然表面上他們練就了一身健壯的肌肉，但其實沒什麼力氣（力量×速度）。如果想練出力量，卻比照健美選手的方式進行肌力訓練，有可能會造成反效果，請大家記住這一點。

理論篇 16

男性荷爾蒙由肌肉製造，而女性荷爾蒙還能由脂肪製造

進行肌力訓練能促進男性荷爾蒙的分泌。因為受到運動刺激後，腦部會對睪丸或腎上腺等內分泌器官下達「製造荷爾蒙」的指令，這是過去的定論。然而，近年的研究指出，除了內分泌器官，身體還有其他能促進男性荷爾蒙分泌的管道。

過去認為，有九五%的男性荷爾蒙是由睪丸所分泌，五%由腎臟等內臟或腎上腺所分泌。**然而現在發現，骨骼肌組織也有可能製造男性荷爾蒙。**

雄性素是男性荷爾蒙的總稱，活性型的雄性素稱為二氫睪酮（DHT）。由睪丸或腎上腺所分泌的雄性素會在酵素的幫助下轉換成DHT，然後才能發揮男性荷爾蒙的作用。

從老鼠動物實驗報告中得知，運動刺激能讓DHT合成酵素增加，骨骼肌的一部分可製造男性荷爾蒙。也就是說，**不需透過腦部發出指令，藉由肌力訓練也能讓身體分泌活性的男性荷爾蒙。**同化類固醇也屬於男性荷爾蒙，靠自己分泌荷爾蒙的能力，也許就潛藏在肌肉之中。

另一方面，分泌女性荷爾蒙的器官，也不是只有卵巢與腎上腺。我們現在知

道，體脂肪的脂肪細胞也能分泌女性荷爾蒙。脂肪細胞分為兩種，包含燃燒脂肪酸的棕色脂肪細胞，以及儲存中性脂肪的白色脂肪細胞，而所謂的「體脂肪」，指的是後者的白色脂肪細胞。**白色脂肪細胞的功能是將女性荷爾蒙的雌激素前體轉換成雌激素。**

然而，如果白色脂肪細胞中沒有儲存中性脂肪，就不會有上述的轉換功能。因此，女性過度瘦身時，會引起女性荷爾蒙分泌減少、月經不順等各種問題。

雌激素具有軟化血管、降低血壓、強化骨骼等重要作用。熱量攝取不足加上體脂肪較少的女性運動員，經常發生疲勞性骨折的原因之一，就是身體無法獲得雌激素的幫助。當然，對一般女性而言，過度瘦身也是百害而無一利的。

透過肌力訓練產生男性荷爾蒙的過程

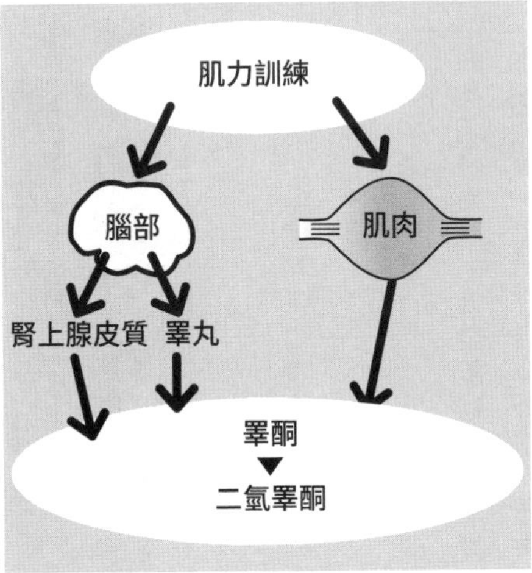

近年我們得知，約佔體重40%的骨骼肌，能分泌各式各樣的生理活性物質。最新研究指出，不需透過腦部，局部骨骼肌即具有產生及分泌男性荷爾蒙的可能性。

理論篇 17

持續進行肌力訓練，就能透過壓電效應強化骨骼，預防骨質疏鬆症

肌力訓練不只能鍛鍊肌肉，還能強化骨骼。

中高年齡層的人，是罹患骨質疏鬆症的高風險族群。**骨質疏鬆症，是骨頭形成許多孔隙，變得容易骨折的一種疾病。骨質疏鬆症的根本原因是骨骼老化，而肌力訓練除了可以鍛鍊肌肉之外，還能強化骨骼，預防骨質疏鬆症。**

首先要了解骨骼的基本知識。

骨骼扮演著人體的骨架，相當於建築物中的結構材料。

骨骼是由蛋白質所製造的纖維狀基本結構，加上鈣、鎂等硬化結晶礦物質所構成。以建築物的結構來比喻，蛋白質就像是鋼筋，礦物質則等同於水泥。

骨骼與肌肉、肌膚相同，會進行新陳代謝。破骨細胞會慢慢地分解骨骼，成骨細胞則會合成骨骼，填補缺口。此過程就叫做骨骼重建。

隨著年齡的增長，身體會優先進行破骨細胞的分解，並抑制成骨細胞的合成。骨骼重建亂了套，導致骨骼的結晶礦物質含量減少，骨骼變得脆弱，形成骨質疏鬆症。

骨質疏鬆症要去骨科看診才能確診，而其自覺症狀包括感覺骨頭變脆弱並受到壓迫、輕微的骨折造成身高變矮、背部彎曲造成姿勢不良等，這些都是自我檢測的重點。

大家都說，要預防骨質疏鬆症，有效的方法就是多加攝取鈣或鎂等礦物質。日本人的鈣與鎂攝取量的確普遍不足，但僅攝取礦物質的話，無論攝取多少都沒有用。**為了讓骨骼能順利吸收攝取的鈣質等礦物質，運動刺激是不可或缺的。特別是，以肌力訓練或慢跑對骨骼施加壓力，能讓骨骼產生帶有負電的壓電效應，使帶有正電的鈣質更容易附著於骨骼。此外，透過肌力訓練分泌的生長激素而產生的IGF-1，也能幫助骨骼的成長。**另外，還要多加攝取魚類或肉類等蛋白質，蛋白質是構成骨骼的材料。

女性在四十五歲至五十五歲之間會停經，更容易罹患骨質疏鬆症。女性荷爾蒙會抑制破骨細胞的分解，並促進成骨細胞的合成，讓骨骼的重建恢復正常。一旦因為停經而女性荷爾蒙減少，與男性相比，女性的體型較為嬌小且骨骼量較少，更容易罹患骨質疏鬆症。

日本約有一千一百萬名骨質疏鬆症患者，其中有八成為女性。骨質疏鬆症是會成為生活無法自理、需要他人照料的導火線，使健康壽命縮短。無論是男性還是女性，都要勤做肌力訓練，強化骨骼。

理論篇

18

肌力訓練的成果要在兩個月後才看得見，不要中途而廢

即使請來優秀的私人健身教練，光是訓練個一天或兩天，也無法獲得明顯的成效。

「肌肉與羅馬不是一天造成的」，即使進行肌力訓練，也要以每週兩次的頻率持續兩個月左右，才能看到肌肉明顯肥大。如果沒有認清這個事實，在剛開始做肌力訓練前幾個星期，就有可能誤會：「明明很努力訓練了，卻沒有什麼效果。」因而放棄訓練，要請大家特別注意。

在剛開始進行肌力訓練的幾天，也能夠增強負重。比如進行同一種姿勢的訓練，但感覺可以完成的次數有所增加；或是使用啞鈴訓練時，能使用更重的啞鈴。不過，這些並不是肌肥大所造成的。

在剛開始進行肌力訓練的時候，會出現神經系統的適應現象。如同前述，運動神經負責控制構成肌肉的肌纖維活動，但在運動的時候，運動神經若尚未適應，便無法好好地調動肌纖維。**在經過數次的肌力訓練後，運動神經就能記住動作，得以調動更多的肌纖維。**能同時驅使愈多的肌纖維，就能使出愈大的力量，因此只要神經系統出現適應現象，就能逐漸增加訓練

肌肥大與神經適應對肌力提升的貢獻率

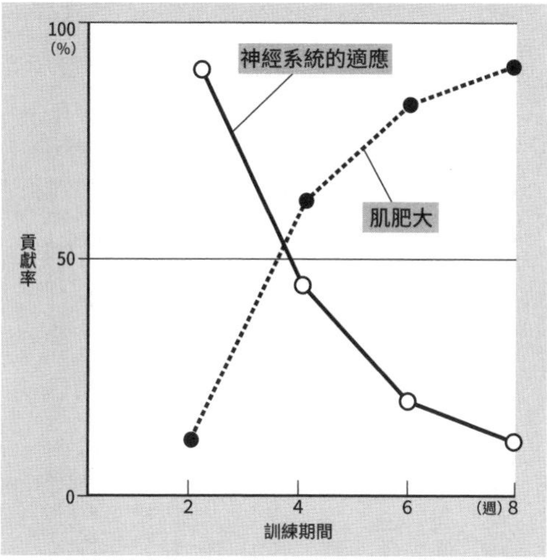

這是在8個星期的肌力訓練期間，比較肌肥大與神經系統適應對於肌力提升的貢獻率的圖表。在第4週之前，神經系統適應的貢獻率較高；在第4週之後，肌肥大的貢獻率較高。
資料來源：Moritani,DeVries,1980

的次數或負重。

在神經系統出現適應現象的期間，肌肥大也並非完全沒有進展。**以微觀的角度來看，即使只做一次肌力訓練，依舊會出現肌肥大的現象。但是，要讓微觀的肌肥大現象變得宏觀可見，明顯感受到肌肉變粗壯，大約需要兩個月的時間。**

當我們察覺到肌肥大後，就會覺得：「肌力訓練真的有效，繼續努力吧。」因而產生幹勁。在那之前，我們要把目光放在肌力訓練的過程，而不是結果。有些人會在日誌或月曆寫下每天完成的訓練項目與次數，這種方式稱為「行動監測」。最新的心理學研究指出，監測自身的行動，**將自我努力的過程「可視化」，能夠提高動力。**就像是看到集點卡點數愈來愈多而感到開心，**持之以恆地將進行肌力訓練的記錄，寫在日誌或月曆上，就會慢慢感受到樂趣，維持運動的動力。**

理論篇
19

做肌力訓練能燃燒脂肪，增加脂肪細胞並瘦身

造成贅肉的體脂肪，會囤積於體內的脂肪細胞中。**囤積於脂肪細胞的體脂肪，由於外觀接近白色，又被稱為白色脂肪細胞。而體內同樣的脂肪細胞也有偏棕色的類型，稱為棕色脂肪細胞。棕色脂肪細胞的作用並不是囤積體脂肪，而是燃燒體脂肪。**因為棕色脂肪細胞含有名為ＵＣＰ１（產熱素）的特殊蛋白質，而ＵＣＰ１可燃燒體脂肪，將體脂肪轉變成熱能。

棕色脂肪細胞與肌肉相同，具有透過熱能來維持體溫的作用。由於嬰兒的肌肉量較少，棕色脂肪細胞在維持體溫上扮演著重要角色。而成年人是靠肌肉來產生熱能，棕色脂肪細胞因而減少。

若能活化並增加棕色脂肪細胞，將有助於燃燒體脂肪。為此，就需要做肌力訓練。**透過肌力訓練刺激肌肉後，肌肉會分泌名為「鳶尾素」的荷爾蒙，鳶尾素會對白色脂肪細胞產生作用，將白色脂肪細胞變成像棕色脂肪細胞一樣燃燒脂肪的性質。**這也是肌力訓練可以幫助瘦身的原因之一。

02

以科學的角度驗證肌力訓練的正確方法

實踐篇

實踐篇 01

肌力訓練的負荷過重或過輕都不行，最佳負荷是做六至十二下會力竭的重量

肌力訓練的效果會因負荷的設定重量而有很大的不同。如果想大幅提升增肌效率，最好將負荷設定為只能反覆做六到十二下的重量。

在肌力訓練的負荷設定上，通常會使用1RM這個單位。

RM為「Repetition Maximum」的縮寫，中文為「最大反覆次數」，1RM代表只能做一下的最大負荷重量。

想要有效地達到肌肥大效果，選擇1RM的七〇到八五％左右的負荷最為合適。1RM的七〇％是只能反覆做十二下，八五％是只能反覆做六下的負荷。

能超過十二下的輕負荷，是鍛鍊肌肉持久力的訓練；不到六下的重負荷，則是提升最大肌力的訓練。

1RM的七〇到八五％負荷也不小，為何需要這種程度的負荷呢？因為肌肉是由慢肌與快肌纖維所構成。

如同前述，肌肉是由肌纖維所構成，肌纖維又分為具優異持久力的慢肌纖維，以及爆發力較佳的快肌纖維。兩者之中，快肌纖維較容易透過肌力訓練變粗。

通勤或做家事這些日常生活，負荷大

多低於肌肉的潛能，也就是未滿1RM的三〇%。換言之，我們在日常生活中使用的肌纖維，大多為慢肌纖維。

如果總是只使用慢肌纖維，便無法達到理想的肌肥大效果。所以透過肌力訓練來增加負荷，才顯得如此重要。

運動負荷與肌纖維的招募過程

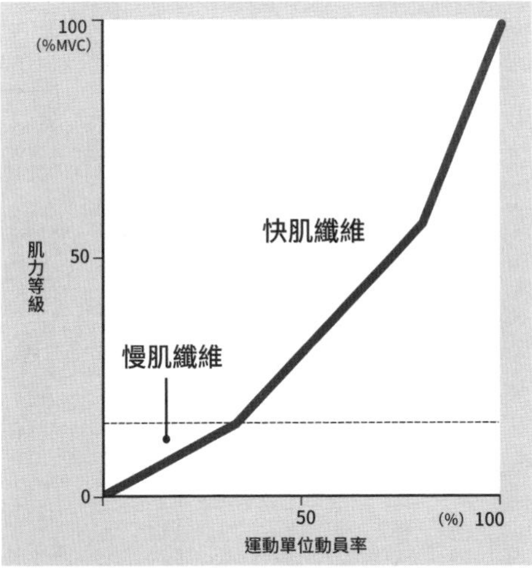

只有快肌纖維能透過肌力訓練產生肌肥大效果，但肌肉的特性是會先運用慢肌纖維。如果要讓肌肉變大，就需要招募大量的快肌纖維，因此必須對肌肉施加重度負荷才行。

將負荷提高至只能反覆做六到十二下，無力的慢肌纖維會無法承受負荷，接下來就換具有爆發力的快肌纖維上場了。像這樣以慢肌↓快肌的順序，調動大量肌纖維的機制，就稱為「招募」。出現招募現象後，就能刺激到快肌纖維，開始肌肥大。

不過，負荷變重後，姿勢容易走樣，訓練風險也會增加。即使留下一點餘力訓練效果也差不多，因此，建議以14RM的重量，從十二下開始做起，再慢慢提高負荷，訓練到能以8RM的重量做六下的程度。

實踐篇 02

只做一組就休息，肌肉是不會變大的，要連續做三組

以最大反覆次數為六至十二下的重量努力進行訓練時，千萬不要只做了一組就放棄不做了。安插適度的休息時間，連續做三組左右才會有效果。只做一組訓練就停下，肌肉也難以變得肥大（參照五九頁圖表）。好不容易下定決心開始訓練，只做一組就結束未免太可惜。

沒有肌力訓練經驗的人可能會覺得：「做第一組訓練就到達極限了，怎麼可能做第二組？」但沒有這回事。經過短暫的休息後，肌肉就會從疲勞中恢復，又能繼續進行同樣的訓練。因為在第一組訓練時處於休眠狀態而沒有調動到的肌纖維，會逐漸被調動。

構成肌肉的肌纖維並非隨時都全部在運作。**運動神經會決定要運用哪些肌纖維，以及運用的比例，每一次肌肉收縮，運動神經調動的肌纖維都會變化。就像是工廠的工人或便利商店的店員會輪班，運動神經也會避免讓負擔集中在特定的肌纖維。**如果每次訓練時都使用相同的肌纖維，肌纖維就會因壓力過於集中而有損傷的風險。

仔細觀察會發現，即使是同一組訓

練，每次運用的肌纖維成員皆有所不同。也就是說，第一次與第二次訓練使用的是不同的肌纖維。

我們將第一組訓練中被調動的肌纖維統稱為A組。到了第二組訓練的時候，主要運作的就會是A組以外的肌纖維，我們將之稱為B組。進入第三組訓練時，被調動的不是A組或B組，而是C組的肌纖維。

就像是女子偶像團體分成A、B、C組，雖然成員有所重複，但**持續做了三組訓練後，就幾乎可以毫無遺漏地刺激構成目標肌肉的肌纖維。由於肌肥大就是肌纖維的肥大，所以盡可能刺激更多的肌纖維，肌肉就能更有效率地獲得成長。**如果做完三組訓練後還有不少餘力，可以嘗試做第四組。

如果用盡全力進行訓練，就算第一組能做十二下，進入第二組的時候，可能做了十下或九下就會放棄。到了第三組，或許做八下就是極限了。即使肌纖維的成員有所改變，其中還有重複上場的成員，隨著每組訓練的進行，整體肌肉還是會累積疲勞。

因此，不用勉強自己每組訓練都做到相同的次數，太執著於次數可能會造成姿勢走樣，難以有效鍛鍊目標肌肉。

實踐篇 03

即使採用一組做二十五下以上的輕負荷訓練，也能感受肌肉的成長

雖說要達到肌肥大效果，需要1RM的七〇到八五%的重負荷，但應該還是有人不想用盡吃奶的力氣舉起重物進行訓練吧。有個對這類人來說值得慶幸的好消息。最近發現，**即使是輕量負荷的肌力訓練，只以正確的方式進行，依舊能讓肌肉成長。**

所謂的輕負荷，具體來說是1RM的三〇%，也就是一次能做二十五至二十八下的重量。換言之，低於一半以下強度的低負荷訓練，也和1RM的七〇到八五%一樣能產生肌肥大的效果。

以往的觀念認為，1RM的三〇%左右的低負荷訓練，能有效培養持續活動肌肉的肌肉持久力。因此，雖然幾乎找不到有關於低負荷訓練與肌肥大效果關聯性的研究，但像是老年人這類難以進行重負荷訓練的族群，為了身體健康，也逐漸開始嘗試肌力訓練，於是低負荷訓練的效果再次獲得驗證。最終發現，即使是做低負荷訓練，促進肌肉蛋白質合成的指標mTOR與做高負荷訓練時一樣會增加，因而確認低負荷訓練同樣能達到肌肥大效果。

以低負荷訓練達到肌肥大的條件，是

低負荷訓練也能獲得與高負荷訓練同等的效果

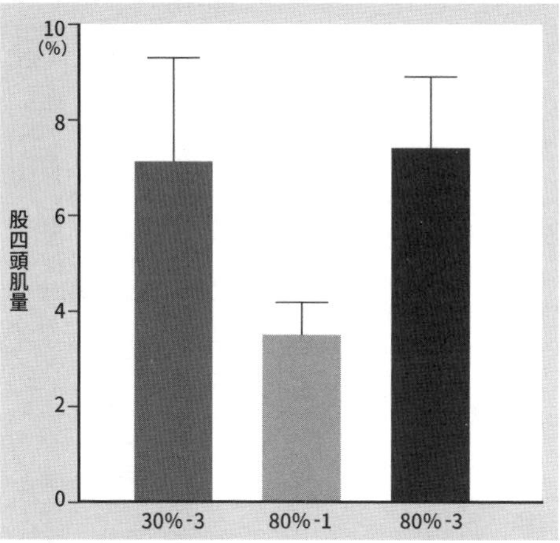

針對大腿前側的股四頭肌進行10週的肌力訓練，上圖為30% 1RM做3組、80% 1RM做1組與3組的比較圖，可看出80% 1RM做1組的效果最差，30% 1RM做3組與80% 1RM做3組，肌肥大效果幾乎相同。
資料來源：Cameron J.Mitchell et al.,2012

要做到「力竭」(all out)。「力竭」是極度疲勞的意思，在肌力訓練的領域中，力竭是指採正確的姿勢持續訓練，直到精疲力盡為止。在第一組訓練做了二十五至二十八下，進入力竭的狀態後，第二組大概做二十至二十二下就會力竭。接下來進入第三組時，大約做十四到十六下就會是極限。像這樣持續訓練直到肌肉疲憊，即使是低負荷也能促進肌肉成長。

　大家之所以會認為高負荷是肌肥大的必要條件，是因為若非處在高負荷強度下，便無法調動強而有力且容易肥大的快肌纖維。然而，**以低負荷強度訓練直到力竭的狀態後，光靠慢肌肉是撐不下去的。由於慢肌與快肌是存在於同一個肌肉中的命運共同體，看到隔壁的慢肌精疲力盡時，快肌絕對不會坐視不管，快肌會以救援的角色加入運動。因此，即使是低負荷，依舊能調動快肌，達到肌肥大效果。**

　以高負荷強度進行的正統肌力訓練可以在短時間內完成，低負荷強度直到力竭的訓練方則比較花時間，各位可以用適合自己的方法進行訓練。

實踐篇 04

每組訓練之間的休息時間不可過長，三十到九十秒效果最佳

每組肌力訓練之間的休息時間叫做「間歇」，間歇時間的設定，會改變訓練的效果，不可過長或過短，通常以三十秒至九十秒、平均間歇時間為六十秒最佳。

肌力訓練的理想目標，是讓所有肌纖維完全疲勞。二六頁介紹的「超回復模式」就是邁向肌肥大的捷徑。肌肉會在間歇期間恢復疲勞，趁肌肉還有一點疲勞時進行下一組訓練，如此進行三組訓練後，可以達到讓大部分的肌纖維徹底疲勞的力竭狀態。

引發肌肥大的訊號，除了有三八頁介紹的以睪酮為代表的同化類固醇，還有因肌力訓練發生疲勞時，囤積於肌肉的代謝產物。**當我們讓肌肉留有些許疲勞的狀態，進行下一組訓練的時候，就會縮短完整清除代謝產物的時間。這時候肌肉會向腦部傳達「我已經疲憊不堪，請讓我恢復疲勞並強化肌力」的訊息，腦部會因此調節體內環境，幫助促進肌肥大。**

若間歇時間過長，肌肉會從疲勞中完全恢復，即使做了三組訓練也不會力竭。而且代謝產物也被清除得一乾二淨，無法向腦部傳達促進肌肥大的訊息。原本藉由訓練好不容易熱起來的肌肉也會變冷，難

以發揮強大的肌力。不僅如此，間歇時間愈長，整體的訓練時間也會拉長，導致專注力降低。

雖說如此，若間歇時間太短，肌肉會來不及在下一組訓練前恢復。就算勉強自己做下一組訓練，姿勢也會因疲勞而走樣，無法依照自己的意思地刺激想要鍛鍊的肌肉。因此，間歇時間過短或過長都不行，控制在平均六十秒左右是最合適的。訓練的時候可以使用智慧型手機的計時器功能，在運動時仔細測量間歇時間。

間歇時間不要發呆，要用和緩的呼吸調整紊亂的氣息，腦中回想上一組訓練的內容，確認姿勢是否正確，做好身心上的準備，進入下一組訓練。

剛開始進行訓練的時候，可能會覺得平均六十秒的間歇時間太短，這時候可以將時間最多延長到一百二十秒。接下來再逐漸縮短間歇時間，目標為間歇時間平均六十秒左右，俐落地進行訓練。能縮短整體訓練時間也是短間歇訓練的好處之一。

實踐篇
05

進行肌力訓練時，光是慢慢回到起始動作，就能產生顯著的效果

肌力訓練的祕訣，是持續出力，完美地控制動作。用肌肉的力量踩剎車，慢慢地做動作，更能加快肌肥大的速度。接著就來說明其中緣由。

根據啞鈴或自重等負荷以及肌肉所發揮的肌力之間的力量關係，可分成三種情形。接下來要以手持水瓶等重物時，手肘保持固定舉起水瓶的肱二頭彎舉（參照九五頁）訓練為例進行解說。

進行肱二頭彎舉，彎曲手肘舉起水瓶時，肌肉（此時是上臂前側的肱二頭肌）會縮短，使出超過負荷的肌力。因為肌力大於負荷，才能舉起水瓶。這種肌肉收縮，使出超過負荷的肌力之情形，就是「向心收縮」（Concentric contraction），通稱CON。

接下來，讓手肘維持在一定的角度舉著水瓶時，負荷與肌力保持平衡。因為負荷與肌力相等，才得以讓前臂維持在相同的位置支撐水瓶，這時候肌肉會出力但長度不變。這種肌肉長度不變，使出與負荷相同的肌力之情形，就是「等長收縮」（Isometric contraction），通稱ISOM。

最後，在手肘彎曲的狀態下慢慢放

下水瓶時，縮短的肌肉會延展到原本的長度，使出低於負荷的肌力。由於負荷大於肌力，水瓶便在重力的影響下往地面靠近。這種延展肌肉並使出低於負荷的肌力之情形，就是「離心收縮」（Eccentric contraction），通稱ECC。

肌力的大小取決於肌纖維的調動數量。在以上三種情形中，肌纖維調動數量最少的是離心收縮。由於調動的肌纖維數量較少，與向心收縮承受相同的負荷時，施加在每條肌纖維的負荷變大，刺激變強，所以更容易達到肌肥大效果。

在離心收縮的階段，很容易不小心放鬆力量，為了避免這種狀況，要用肌肉的力量踩剎車，慢慢地做動作，這是提高訓練效果的訣竅。

向心收縮
肌力大於負荷，肌肉會一邊收縮一邊出力。

等長收縮
肌力等於負荷，肌肉保持同樣的長度出力。

離心收縮
負荷大於肌力，收縮的肌肉一邊延展到原本的長度，一邊出力。

實踐篇 06

顛覆肌力訓練的舊觀念，探究離心收縮運動的可能性

近年來，在運動生理學的領域中，離心收縮運動逐漸受到矚目。

以往的肌力訓練大多著重於舉起負重的向心收縮，然而現在發現，**將訓練重心集中在慢慢放下負重的離心收縮，能更有效率地增強肌力，達到肌肥大的效果。**

現在，世界各地皆有許多關於離心收縮運動的研究報告結果。澳洲伊迪斯科文大學（Edith Cowan University）的野坂和則教授是研究離心收縮運動的先驅之一。

研究報告顯示，與向心收縮運動相比，離心收縮運動最大能發揮一・五到兩倍的力量。即使是低強度負荷的訓練，離心收縮運動也比向心收縮運動更能提升肌力與肌肉量。

肌肉採樣的研究顯示，比較促進肌肉蛋白質合成的ｍＴＯＲ活性時，發現離心收縮運動的ｍＴＯＲ活性比向心收縮運動來得高。

以登山或爬樓梯來比喻，向心收縮就是往上爬，離心收縮則是往下走。與爬坡相比，走下坡的時候，無論是精神或身體上都會感覺較為輕鬆，相信任何人都可以理解。而在肌力訓練時，與拼命舉起負重

的向心收縮運動相比，緩緩放下負重的離心收縮運動能更有效率地達到肌肥大效果。

離心收縮與向心收縮的比較

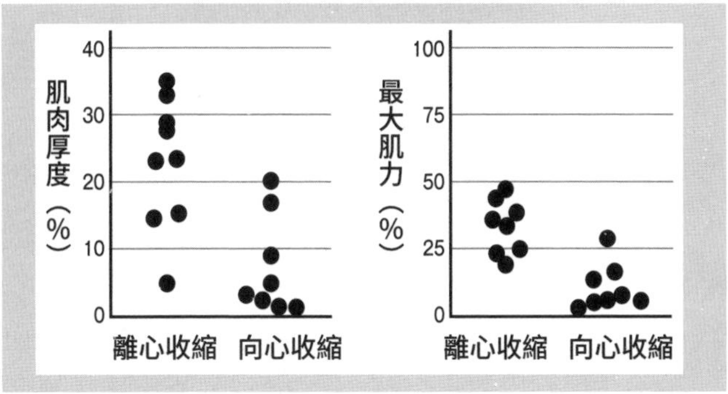

坐椅子時靠自主力量、站立時靠輔助的離心收縮訓練，以及坐下來時靠輔助、站立時靠自主力量的向心收縮訓練，各進行8週後，發現無論是肌肉厚度還是肌力，都是前者的增加程度較大。
資料來源：Katsura et al.Eur J.Appl Physiol.2019

對於訓練次數不多的初學者而言，較為吃力的向心收縮運動卻是阻礙他們訓練的因素。**既然如此，只做離心收縮運動也是一種雕塑體態的方法。**

除了肌肥大的效果，野坂教授還介紹了離心收縮運動的各種好處。**例如能減少體脂肪、提升胰島素的敏感度、強化平衡能力、提升運動表現能力等。**

比較上下樓梯的兩組實驗結果後，發現後者的糖代謝與脂肪代謝能力有顯著改善。如同前述，向心收縮就像是在爬樓梯，離心收縮則像下樓梯。輕鬆進行就能獲得這麼多好處，離心收縮運動的可能性不可估量。

負荷自身體重的自重肌力訓練，結合能提升肌肥大效率的離心收縮訓練的方法非常簡單。

這裡以最基本的腹肌運動——捲腹（Crunch）為例進行解說。在做捲腹的時候，從地板抬起上半身的動作為向心收縮，上半身往下躺的動作為離心收縮。一般做捲腹時，會花一秒的時間抬起上半身，再花一秒的時間往下躺。如果想要加強離心收縮動作，可以花一秒的時間抬起上半身，然後花三至五秒的時間慢慢地往下躺，就是這麼簡單。

如果換成能鍛鍊胸肌的伏地挺身（Push-up），則是先花三至五秒做胸部靠近地板的離心收縮動作，挺直手肘時花一秒時間做向心收縮動作。

利用上述控制秒數的方式，就能提高離心收縮的效果。

一般的捲腹（Crunch）

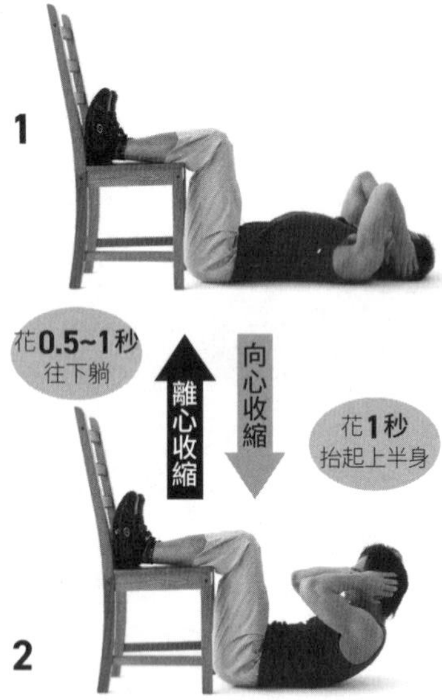

一般的伏地挺身（Push-up）

加強離心收縮的捲腹（Crunch）

加強離心收縮的伏地挺身（Push-up）

實踐篇 07

如果沒有逐漸增加負荷，肌力訓練的效果會停滯不前

最主流的肌肥大訓練是在1RM的七〇到八五％負荷下進行。一開始可能會覺得負荷很重，產生「太痛苦了，想放棄」的想法，但過了一陣子，就會感覺比一開始輕鬆許多。這是因為神經系統開始適應，開始能夠調動必要的肌纖維，一段時間後，肌肉就會確實地肥大化，肌力提升。

在做肌力訓練的過程中，不能忘記要持續增加負荷。

「超負荷原理」是肌力訓練的鐵則之一，隨時保持超過正常程度的負荷（超負荷），訓練才會有效果。隨著神經系統的適應與肌肉的成長，能夠負荷的強度會愈來愈高，1RM當然也會改變。因此，**如果覺得往常的訓練變輕鬆，卻繼續以同樣的重量進行訓練，負荷就會相對減少，違反「超負荷原理」。如果沒有持續增加負荷，肌肉便會停止成長。**

想依照「超負荷原理」進行正確的鍛鍊，就要根據肌肉的成長與肌力提升的程度增加負荷。如果是使用啞鈴或重訓器材進行訓練，只要增加重量即可，但本書主要介紹的是不使用器材、靠自己的體重進行的自重訓練，無法像啞鈴或器材那樣自

由增減重量。進行自重訓練的時候，要保持1RM的七〇到八五%負荷，訣竅就在於控制動作的範圍與速度。

關節的活動範圍愈大，負荷愈強

四分之一深蹲　半深蹲　平行深蹲

在此以站立狀態下，慢慢將臀部往下，宛如要坐在椅子上的深蹲動作為例。膝蓋與髖關節彎曲的範圍從四分之一深蹲→半深蹲→平行深蹲的順序逐漸變大，負荷也隨之增加。

最理想的肌力訓練，是讓目標肌肉從最大程度的完全伸展狀態，回到最大程度的完全收縮狀態。肌肉伸展與收縮的範圍愈小，負荷愈低；伸展與收縮範圍愈大，負荷愈高。因此，**進行自重訓練的時候，可以先從小範圍開始，再依照肌肉的成長與肌力提升的程度擴大範圍，最終目標為完全伸展到完全收縮的全範圍。**

此外，**伸縮肌肉的時間愈長，能運用到的肌纖維就愈多。如果已經鍛鍊到全範圍，接下來就要盡量放慢動作的速度。**先從「向心收縮一秒↓離心收縮兩秒」開始做起，逐漸將離心收縮的秒數增加到五秒，讓每組訓練保持在最大反覆次數為六到十二下的負荷。

實踐篇 08

下半身最有力量，從下半身開始進行肌力訓練是最有效率的

為了維持身材與健康，需要鍛鍊的肌肉大約有十四處（參照二八至二九頁）。如果覺得一次鍛鍊這些肌肉太吃力，**可從下半身開始進行肌力訓練。俗話說：「老化都是從腰腿開始的。」無論是因為運動不足或年紀增長，下半身的肌肉都很容易退化。**

全身約有六〇到七〇%的肌肉集中在下半身，因為人類需要用雙腳站立步行。為了承受上半身的重量，並維持正常的姿勢活動身體，很多肌肉都集中在下半身。

為了支撐上半身的重量，下半身的肌肉會比其他部位的肌肉更大且強而有力。

這樣聽起來，感覺下半身應該不太會因為老化等原因退化，但諷刺的是，正因為下半身聚集了許多強力的肌肉，腰腿才更容易衰弱。力量較弱的上半身肌肉，日常生活中還是會受到一定程度的刺激；然而光是進行日常活動，對強而有力的下半身肌群來說刺激不足，所以很容易退化。**如果要開始進行肌力訓練，建議先從佔全身肌肉六〇到七〇%，且容易退化的下半身開始訓練。**

鍛鍊下半身的四項肌力訓練

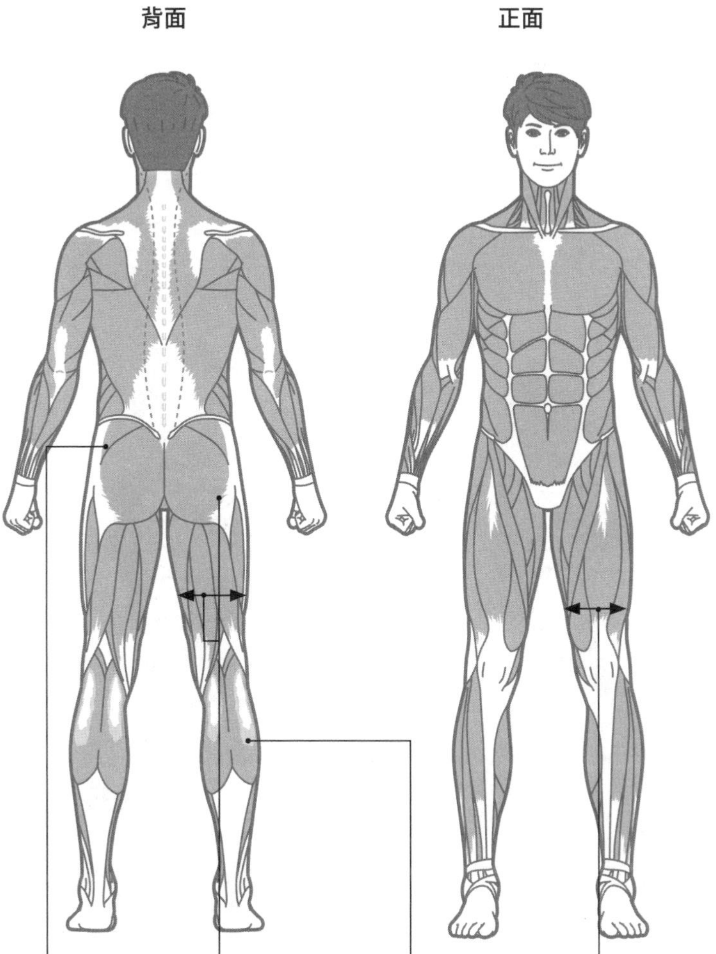

提臀（Hip Lift） P.73
臀部（臀大肌）、大腿後側（腿後肌）
6到12下 ×3組

膝關節伸展（Knee Extension） P.72
大腿前側（股四頭肌）
6到12下 ×3組

髖外展（Hip Abduction） P.75
臀部側面（臀中肌）
左右各6到12下 ×3組

舉踵（Heel Raise） P.74
小腿肚（小腿三頭肌）
6到12下 ×3組

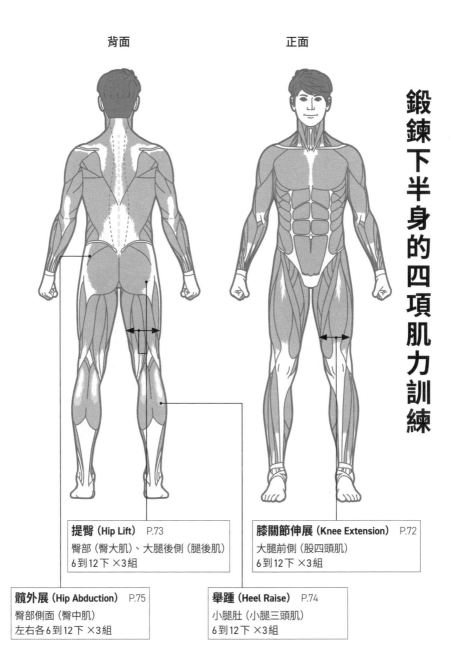

膝關節伸展（Knee Extension）

大腿前側（股四頭肌）

6到12下×3組

1. 雙膝置於擺在地面的枕頭，採坐姿。立起腳尖，臀部坐在腳踝上，雙臂交叉放在胸前，挺直背部，上半身與地面保持垂直。
2. 上半身繼續保持垂直，伸展膝蓋，直到頭部來到膝蓋正上方，然後回到起始姿勢。

1

2

吐氣
向心收縮
1秒

吸氣
離心收縮
2到5秒

NG 在伸展膝蓋時若身體前傾，無法將重心放在大腿前側，會使負荷降低。

提臀（Hip Lift）

臀部（臀大肌）、大腿後側（腿後肌）

6到12下×3組

1. 仰躺於地面，雙膝打開至與腰同寬，彎曲呈90度。雙手放在身體旁邊，伸直呈八字形。
2. 抬起臀部離地，直到膝蓋、腰部、腹部、胸部、肩膀呈一直線為止，再回到起始姿勢。不要用手壓地抬臀。

1

2

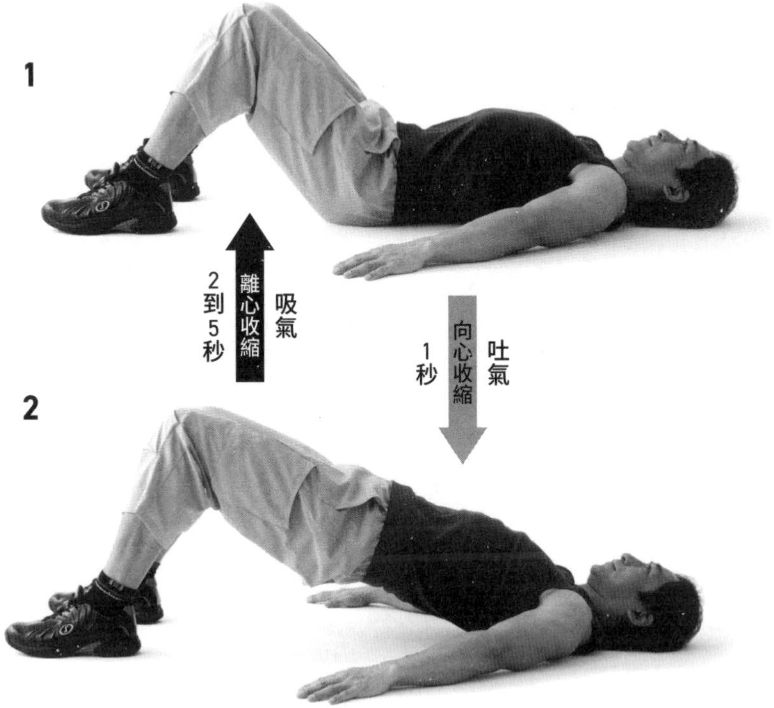

NG

抬起臀部直到膝蓋到肩膀呈一直線，不要拱腰。

舉踵（Heel Raise）

小腿肚（小腿三頭肌）

6到12下×3組

1. 雙手放在椅背上採站姿，身體與椅子保持一步的距離，張開雙腳至與腰同寬，伸直膝蓋，讓阿基里斯腱充分伸展。
2. 頭部到腳踝保持一直線，盡可能抬高腳跟，再回到起始姿勢。

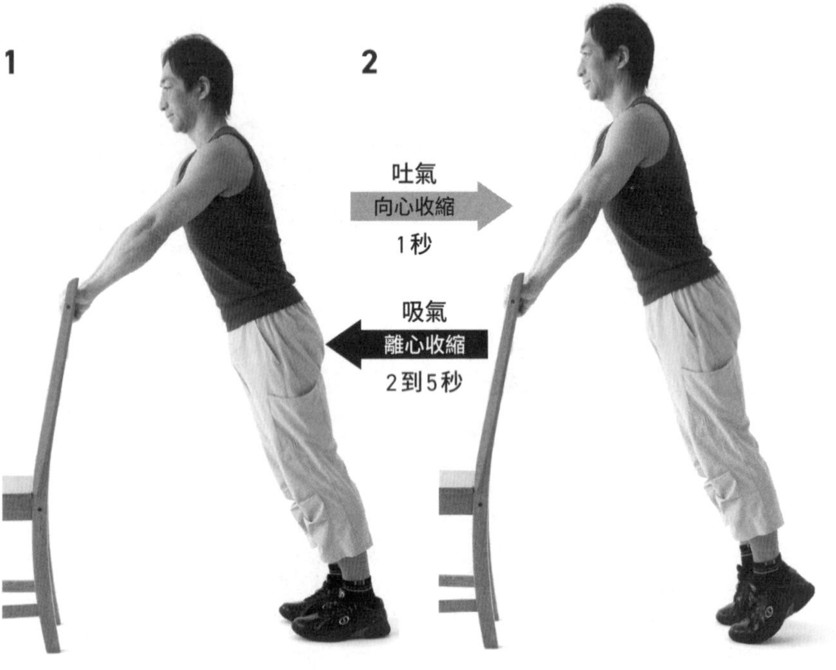

NG

如果彎曲膝蓋，就無法刺激到作為訓練目標的小腿肚肌肉。

髖外展（Hip Abduction）

臀部側面（臀中肌）

左右各6到12下×3組

1. 身體朝左側躺，左腳呈90度彎曲前伸，左手彎曲，頭部靠在左手上。右腳伸直，右手放在胸前。
2. 腳尖保持朝向正面，抬起右腳至45度，再回到起始姿勢。左右換邊，進行相同的動作。

1

2

NG 腳尖朝上可以抬得更高，但無法鍛鍊臀部旁邊的肌肉。

實踐篇 09

光是學會伏地挺身，就能鍛鍊到上半身五成的肌肉

一開始先鍛鍊下半身的肌肉，那下一個目標是哪裡呢？答案是上半身。

全身約有二五％的肌肉集中在上半身，鍛鍊胸部或背部等上半身的大塊表層肌，就能藉由肌肥大提高代謝，打造出易瘦體質。

由發達的肩膀三角肌與扇形延伸的胸大肌所構成的倒三角形上半身，是每個男人夢寐以求的體型。這種體型無論穿西裝或T恤都會非常好看。

上半身的鍛鍊項目有很多，如果要先鎖定單一項目時，那就是伏地挺身了。

伏地挺身能一次鍛鍊到塑造倒三角的重點部位——三角肌與胸大肌，若再搭配鍛鍊上臂後側的肱三頭肌，效果更佳。**只要學會伏地挺身，就能鍛鍊到上半身五成的肌肉。**無論是在家裡或出差外宿，都能利用有限的空間進行訓練，就讓我們快點開始掌握伏地挺身的正確方式吧。

鍛鍊上半身的四項肌力訓練

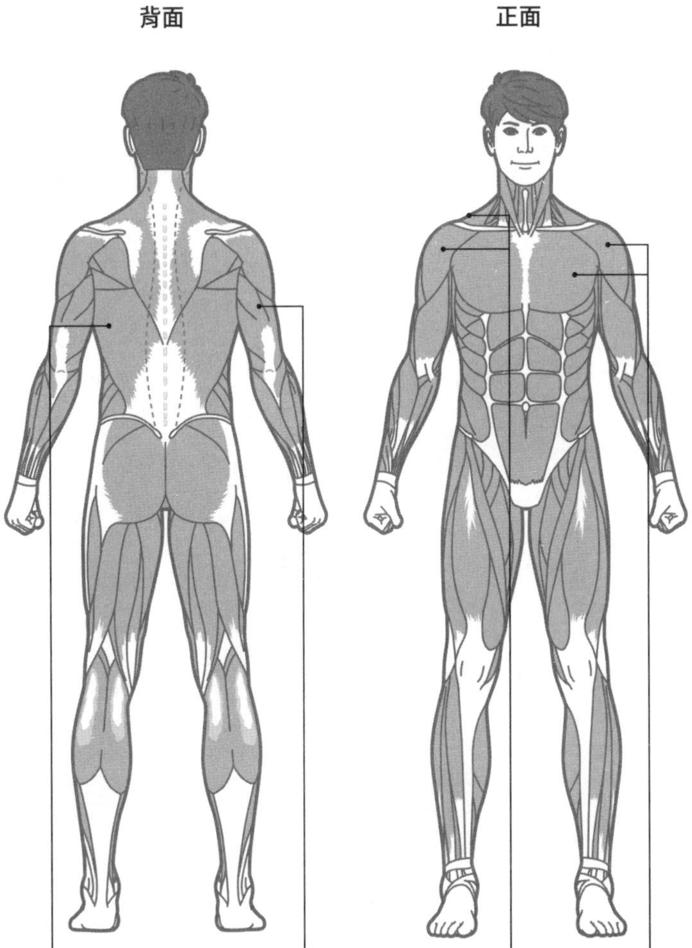

反向伏地挺身（Reverse Push-up） P.81
上臂後側（肱三頭肌）
6到12下 ×3組

伏地挺身（Push-up） P.78
胸部（胸大肌）、肩膀（三角肌）
6到12下 ×3組

反向拉舉（Reverse Pullover） P.79
背部（背闊肌）
6到12下 ×3組

肩上伏地挺身（Shoulder Push-up） P.80
肩膀（三角肌、斜方肌上側）
6到12下 ×3組

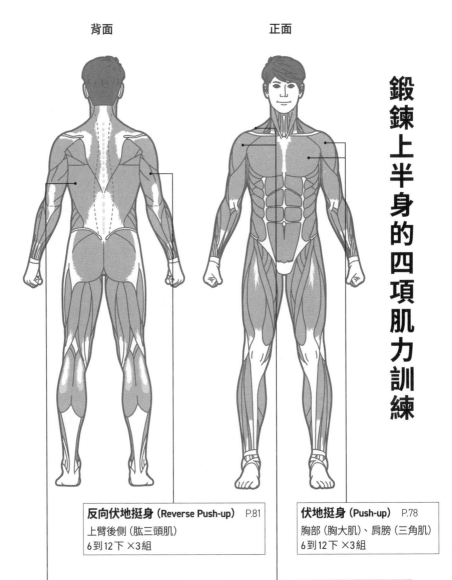

伏地挺身（Push-up）

胸部（胸大肌）、肩膀（三角肌）

6到12下×3組

1. 以俯臥姿勢，雙手與肩同寬撐住地板。雙腳併攏伸直，踮起腳尖，頭部到腳踝保持一直線。
2. 維持步驟1的姿勢，保持挺胸並彎曲手肘，讓胸部貼近地面，再以雙手推地的感覺挺直手肘，回到起始姿勢。

1

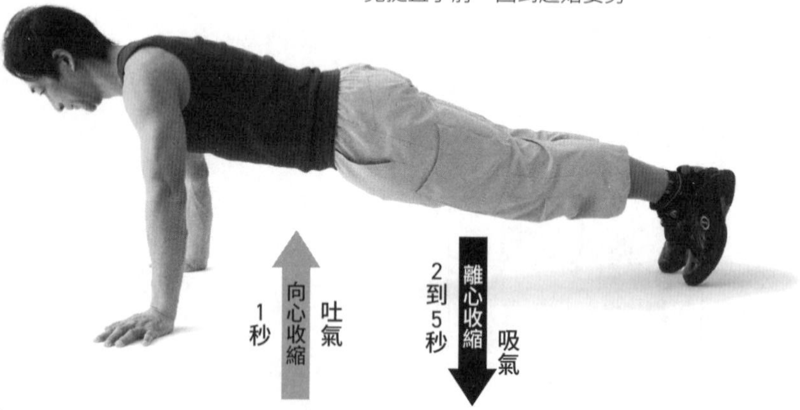

2

OK

雙手張開至肩寬的1.5倍，並向外45度，可減輕手腕的負擔。

反向拉舉（Reverse Pullover）

背部（背闊肌）

6到12下×3組

1. 雙手張開與肩同寬，擺出俯臥姿勢。雙腳張開至肩寬的1.5倍，踮起腳尖，頭部到腳踝保持一直線。
2. 手肘與膝蓋保持伸直，抬高臀部，呈現倒V字形，接著將重心放回雙手，回到起始姿勢。

1

2

NG

如果彎曲膝蓋，重心放在腿部，便難以鍛鍊背部的肌肉。

肩上伏地挺身（Shoulder Push-up）

肩膀（三角肌、斜方肌上側）

6到12下×3組

1. 雙手與雙腳張開至肩寬的1.5倍，擺出俯臥姿勢。抬高臀部呈現倒V字形，手與腳的距離愈近愈好。
2. 維持抬高臀部的姿勢，彎曲手肘讓頭部貼近地面，再以雙手推地，回到起始姿勢。動作時要小心別讓頭部撞擊地面。

1

2

NG

要保持抬高臀部的姿勢，
臀部放低就會變成伏地挺身。

反向伏地挺身（Reverse Push-up）

上臂後側（肱三頭肌）

6到12下×3組

1. 將椅背靠住牆面以固定椅子。將坐骨放在椅面邊緣，雙腳往前伸直，彎曲腳踝，雙手握住椅面。
2. 把臀部從椅面往前抬起，膝蓋微彎。
3. 上半身往下，直到手肘呈90度彎曲，接著手臂內收打直手肘，回到起始姿勢。

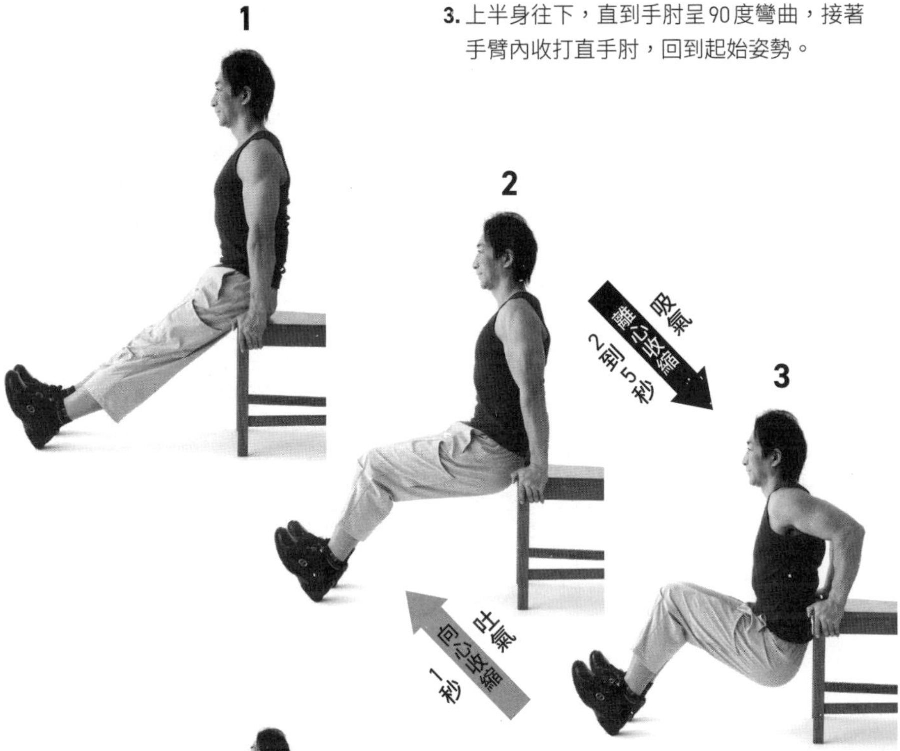

NG 如果手臂外擴，上半身遠離椅子的話，肩膀容易感到疼痛。

實踐篇 10

做腹肌運動並不會讓腹部變平坦，鍛鍊深層肌肉才會

軀幹的定義有很多種，在此將其視為驅動下半身與上半身以外的肌肉，也就是以腹肌與背肌為中心的肌群。而**全身約有一五%的肌肉集中在軀幹部位。**

鍛鍊軀幹的最大目的是緊實腹部，鍛鍊的目標肌肉是腹肌。

其實人體中並沒有名叫腹肌的肌肉，腹肌是腹直肌、腹斜肌群、腹橫肌的總稱。腹直肌與腹斜肌群中的外腹斜肌是位於身體表層的表層肌；腹斜肌群中的內腹斜肌與腹橫肌是靠近骨骼的深層肌。

本書主要介紹的是表層肌的肌力訓練。

如果想讓腹部變平坦，就要鍛鍊全身的表層肌並提高代謝，同時也要鍛鍊腹部的深層肌。腹部的深層肌與背部的背肌筋膜是一體的，宛如束腹般纏繞著身體。經過鍛鍊後，能發揮塑身衣的效果，緊緊束起內臟與內臟脂肪。

此外還能矯正姿勢，讓腹部的凹陷曲線更加明顯。

鍛鍊軀幹的四項肌力訓練

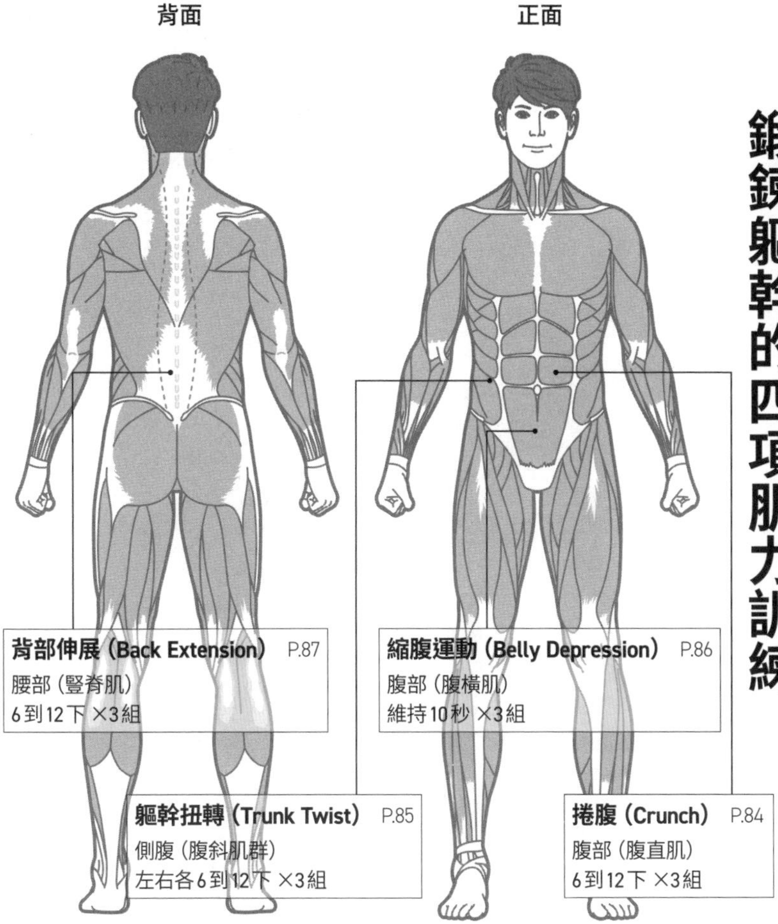

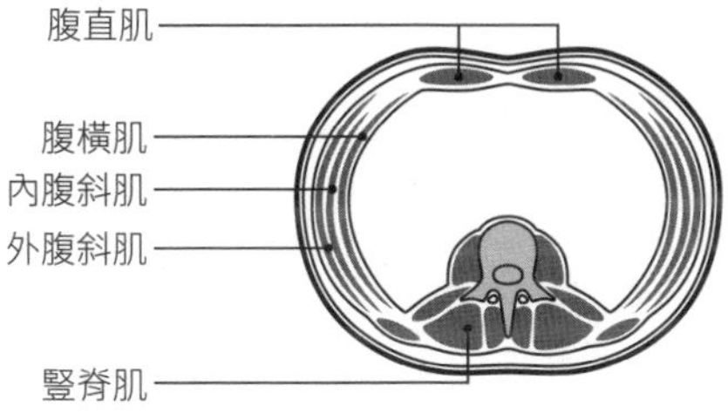

腹部剖面圖

左邊是肚臍高度的腹部剖面圖，呈現腹肌的位置關係。深層肌的腹橫肌位於最深處，可看出它包覆著整個軀幹。

捲腹（Crunch）

腹部（腹直肌）

6到12下×3組

1. 雙腳放在椅面上，採仰躺姿勢，調整姿勢讓大腿與地面保持垂直。雙手手指扣住後腦，手臂內收。
2. 彎曲背部抬起上半身，不要利用反作用力，盡可能讓手肘靠近大腿中央，再回到起始姿勢。

1

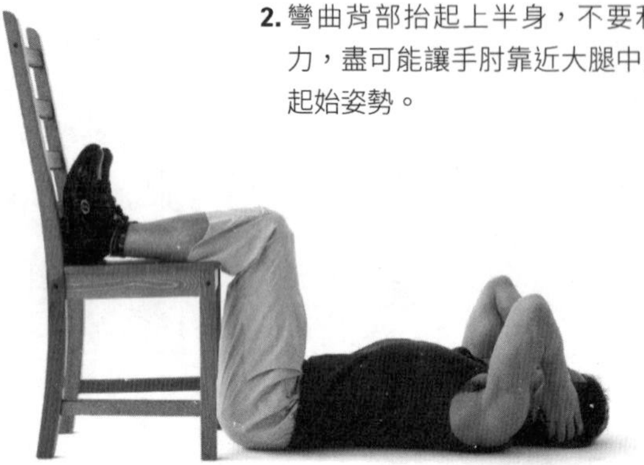

2

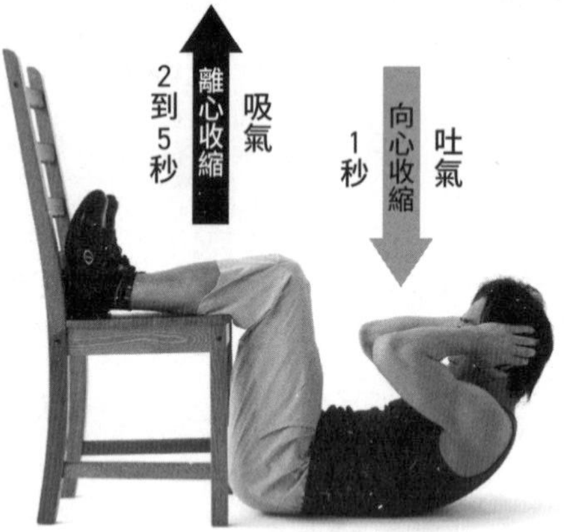

NG

身體疲累時，容易先抬高臀部再抬起上半身。記得不要使用反作用力。

軀幹扭轉（Trunk Twist）

側腹（腹斜肌群）

左右各6到12下×3組

1. 仰躺在地，雙腳併攏，膝蓋彎曲呈90度抬起，小腿肚與地板保持平行，大腿與地板保持垂直。雙手伸直放在身體旁邊，呈八字形。

2. 雙腳膝蓋保持靠攏，向左傾斜45度，再轉回正面。

3、4. 右側進行相同動作。

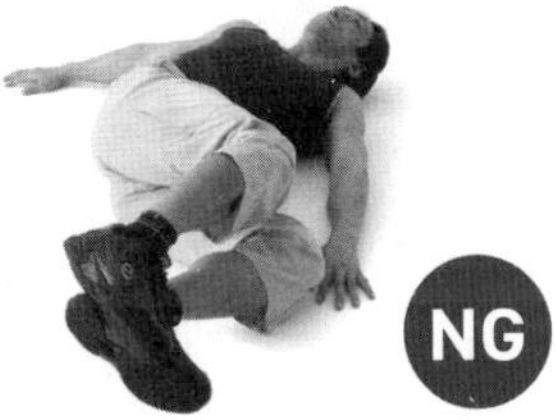

側傾角度超過45度的話，另一側的肩膀會抬起，難以鍛鍊側腹肌肉。

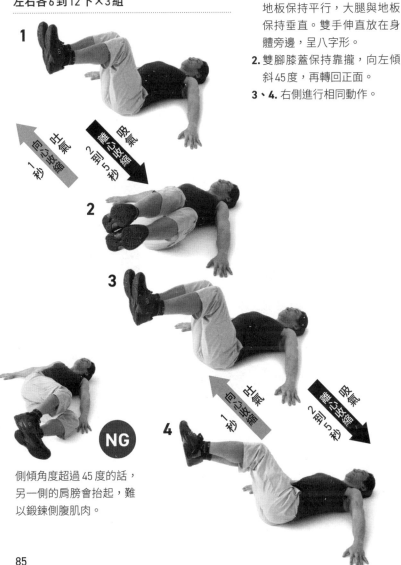

縮腹運動（Belly Depression）

腹部（腹横肌）

維持10秒 ×3組

1. 雙膝著地採跪姿，頭部到膝蓋與地面保持垂直，雙手朝下放在身體側面。
2. 吸氣的同時，雙手朝頭上直直舉起，與肩膀同寬，臉部朝上抬高胸膛，縮小腹。保持和緩的呼吸，維持此姿勢10秒後，回到起始姿勢。

1

2

NG 不是只有舉起手臂，要一併抬起胸膛才能用到腹橫肌，緊實軀幹。

背部伸展（Back Extension）

腰部（豎脊肌）

6到12下 ×3組

1. 俯臥在地，雙手交疊托住下巴。雙腳張開伸直與腰同寬。
2. 下巴放在雙手上，臉部保持朝向正面，上半身抬起，不要利用反作用力，接著回到起始姿勢。肚臍以下的部位不能離開地面。

1

2

NG 不能使用反作用力硬是抬起上半身，彎曲角度過大會造成腰痛。

實踐篇 11

如果想一次鍛鍊全身的肌肉，就要依照下半身→上半身→軀幹的順序進行

如前所述，人體分為上半身、軀幹、下半身之三大區域，每個區域有好幾種要鍛鍊的肌肉，如果想在一天之內鍛鍊完，就要留意鍛鍊的順序。

若要一次鍛鍊全身的肌肉，必須依照下半身→上半身→軀幹的順序。接著就來說明原因。

上半身、軀幹、下半身這三大區域中，面積最大且最具力量的是下半身肌群。為了支撐體重，下半身具備強而有力的肌肉，因此在鍛鍊下半身的肌肉時，要施加比其他區域更重的負荷。**在肌力訓練中，運動的負荷愈大，就需要耗費愈多的能量，疲勞感也會愈大。當訓練來到後半段的時候，身體會累積一定的疲勞，所以要趁體力最充沛的時候進行高負荷的下半身訓練。**

鍛鍊完下半身，接下來要選擇先鍛鍊上半身還是軀幹。軀幹具有支撐肌力訓練姿勢的作用，**如果先鍛鍊軀幹，導致該區域肌肉疲勞，之後做其他運動時姿勢會垮掉，無法以正確的姿勢進行肌力訓練。因此，鍛鍊完下半身後，要跳過軀幹，先鍛鍊上半身，最後再鍛鍊剩下的軀幹。**這就

是必須以下半身↓上半身↓軀幹的順序進行訓練的原因。

掌握以上的基本觀念後，也可以依據訓練目標改變順序。在同一次訓練之中，剛開始訓練時專注力最佳，訓練效果也會比較好，可以在這時候鍛鍊自己最想鍛鍊的部位。

如果覺得一次進行三大區域的肌力訓練太花時間或太辛苦，可以嘗試分段式訓練法。分段式訓練法是將訓練內容分成幾組（例行訓練），在不同的日子分別進行訓練。

如果將下半身、上半身、軀幹這三大區域訓練，分別設定為一組例行訓練，就可以集中訓練單一區域，不用貪心地試圖在一天內完成三個區域的訓練。如此一來，可以每天交替鍛鍊下半身↓上半身↓軀幹，全心全意進行當天的訓練主題。

分段式訓練法雖然可以縮短每次訓練的時間，但會使訓練的頻率增加。每天訓練一個區域的話，以下半身↓上半身↓軀幹的順序持續訓練三天，接著再重複以下半身↓上半身↓軀幹的順序連續訓練三天，這樣就等同於每週兩次、每次間隔三天的步調。每週兩次、一天進行三大區域的肌力訓練，以及每週六次、每天分別進行一個區域的肌力訓練，兩者花費的總時數相同，選擇自己喜歡的方式即可。

實踐篇 12

即使沒有啞鈴，使用寶特瓶也能輕鬆進行肌力訓練

說到肌力訓練的基本器材，第一個一定會想到啞鈴吧。

啞鈴是以手握持的健身器材，所以對於上半身的肌肉訓練特別有效。如果是在家訓練，不用啞鈴等器材的自重訓練更方便，但也有些部分像上臂一樣，很難靠體重施加適當的負荷，這時候啞鈴就能派上用場。**即使沒有啞鈴，還是可以進行上半身的肌力訓練，只要用空寶特瓶代替啞鈴就行了。**

為了方便人們飲用，寶特瓶的設計易於握持，還可以藉由水量微調負荷。寶特瓶的容量大致可分為五百毫升、一千毫升、一千五百毫升、兩千毫升四種，進一步調整裝入的水量，就能依照自己的肌力施加最適合的負荷。

由於上半身的肌力比下半身小，只要能控制好動作範圍與速度，即使是寶特瓶等級的負荷，也能達到一定的鍛鍊效果。

使用寶特瓶鍛鍊上半身的四項肌力訓練

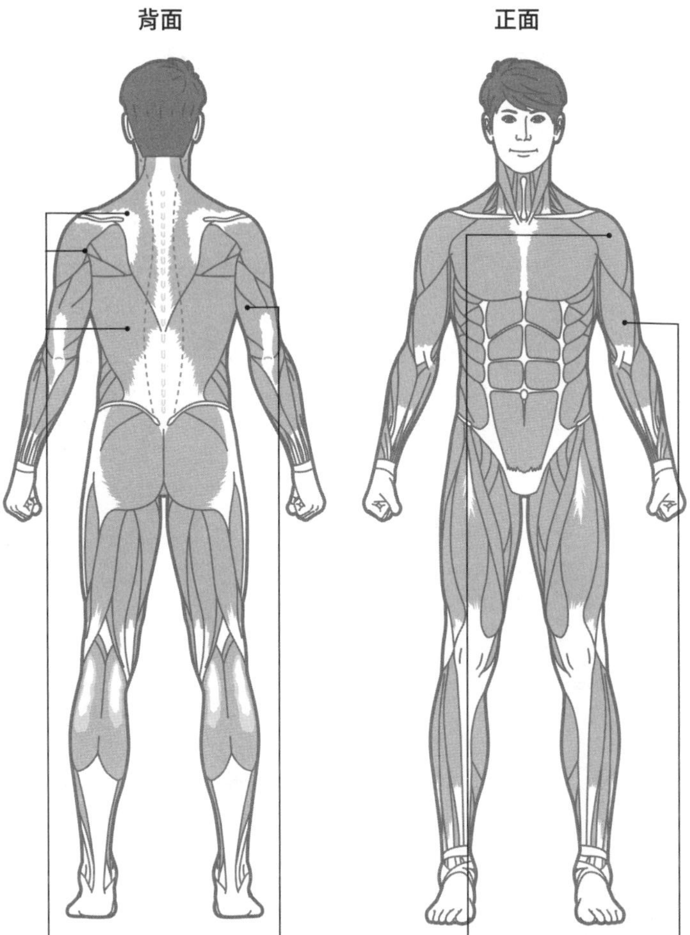

法式彎舉（French Press） P.94
上臂後側（肱三頭肌）
左右各6到12下 ×3組

肱二頭彎舉（Arm Curl） P.95
上臂前側（肱二頭肌）
6到12下 ×3組

彎腰後平舉（Bent Over Real Raise） P.92
上背部（斜方肌中側、背闊肌）、肩膀（三角肌後側）
6到12下 ×3組

側平舉（Lateral Raise） P.93
肩膀（三角肌）
6到12下 ×3組

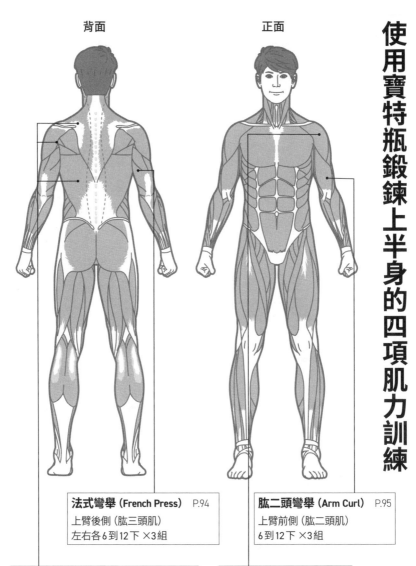

彎腰後平舉（Bent Over Real Raise）

上背部（斜方肌中側、背闊肌）、肩膀（三角肌後側）

6到12下×3組

1. 雙手握持寶特瓶，坐滿椅子。上半身大幅度前傾，肩膀下垂，雙手伸直至肩膀正下方，將寶特瓶放在低處。
2. 挺起胸膛並抬起手臂畫一個大弧線，將寶特瓶舉到肩膀的高度，再回到起始姿勢。

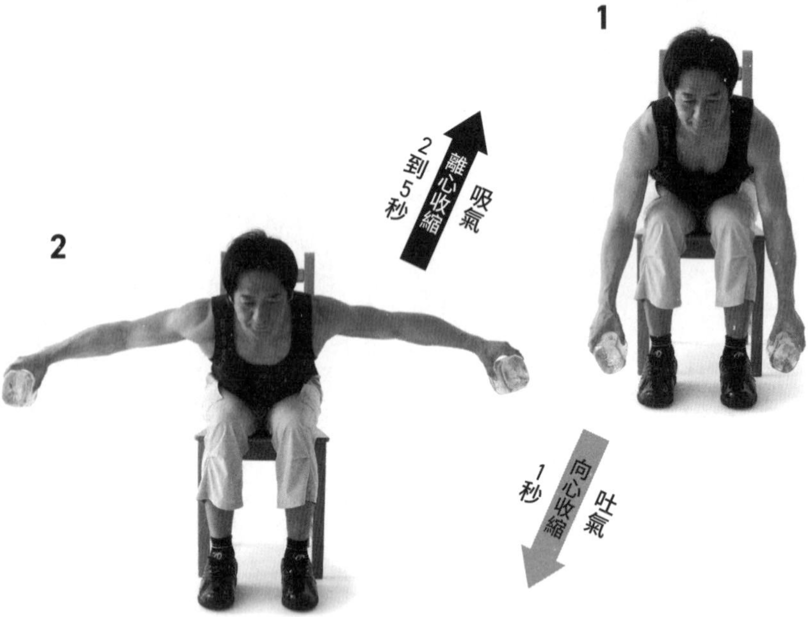

NG 若抬起上半身，會難以鍛鍊背部肌肉，動作時要讓上半身保持前傾，僅抬起手臂。

側平舉（Lateral Raise）

肩膀（三角肌）

6到12下×3組

1. 雙手握持寶特瓶，張開雙腳與肩同寬，手臂垂放在肩膀正下方的位置，膝蓋微彎。
2. 手肘保持伸直狀態，抬起手臂畫一個大弧線，將寶特瓶舉到肩膀的高度，再回到起始姿勢。

膝蓋微彎

吐氣
向心收縮
1秒

吸氣
離心收縮
2到5秒

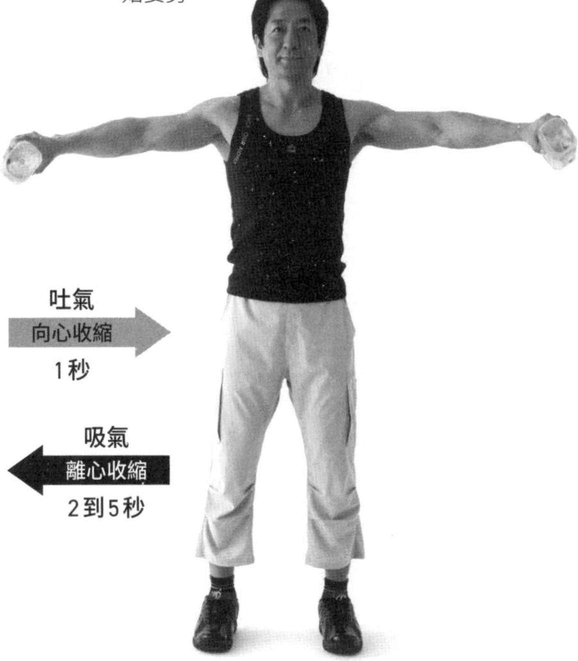

NG 如果將寶特瓶舉到超過肩膀的高度，會難以刺激斜方肌上側肌肉，屬於錯誤動作。

法式彎舉（French Press）

上臂後側（肱三頭肌）

左右各6到12下×3組

1. 單手握持寶特瓶，張開雙腳與肩同寬，將手肘抬到肩膀的正上方，彎曲手肘將寶特瓶放到後腦勺。用另一隻手按住彎曲的手肘，固定姿勢。
2. 伸直手肘將寶特瓶舉到頭上，再回到起始姿勢。左右換邊重複同樣動作。

1

2

手肘的位置固定不動。

吐氣
向心收縮
1秒

吸氣
離心收縮
2到5秒

NG 若移動手肘便難以鍛鍊上臂，手肘的位置要保持固定。

肱二頭彎舉（Arm Curl）

上臂前側（肱二頭肌）

6到12下×3組

1. 雙手握持寶特瓶，張開雙腳與肩同寬，膝蓋微彎。手肘緊貼身體側面，伸直手臂，將寶特瓶放在低處。
2. 手臂內收，手肘位置與手腕保持固定，彎曲手肘舉起寶特瓶，再回到起始姿勢。

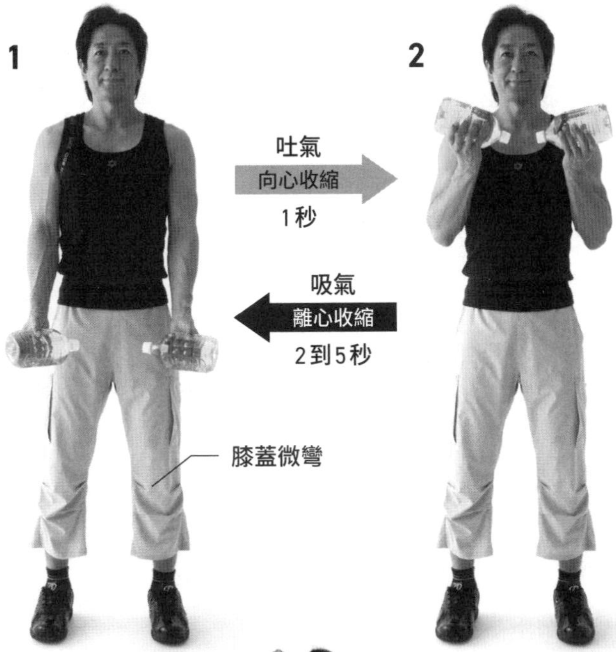

NG 避免屈伸膝蓋或移動手肘位置。

實踐篇
13

只要準備一條彈力帶，就能鍛鍊平常難以刺激到的背部

在家中做肌力訓練的時候，最難以鍛鍊到的部位是哪裡？問健身教練這個問題，幾乎所有人都會回答背部。

能夠輕鬆鍛鍊背部肌肉的方式，就是大家都很熟悉的引體向上，但無論是住透天厝，還是公寓、社區大樓，都很難在家中進行引體向上。因此，大多數人在自家進行訓練時，其他的部位都能獲得一定程度的鍛鍊，唯有背部缺乏鍛鍊，退化程度比想像中來得嚴重。

在不仰賴引體向上的情況下，**想要在家鍛鍊背部肌肉，可以使用彈力帶。**

彈力帶訓練，是藉由拉開彈力繩或彈力帶，再一邊施加阻力一邊回到起始姿勢的肌肉鍛鍊方式。進行自重訓練或啞鈴訓練時，往往得依據鍛鍊部位改變姿勢，而**使用彈力帶進行訓練，可以採取輕鬆的姿勢。要調節負荷也相當簡單，將彈力帶握窄一點可提高負荷，握寬一點可減輕負荷。**

由於彈力帶輕便且容易攜帶，只要有心，無論是在公司或出差外宿，都可隨時隨地展開訓練。

使用彈力帶鍛鍊背部的四項肌力訓練

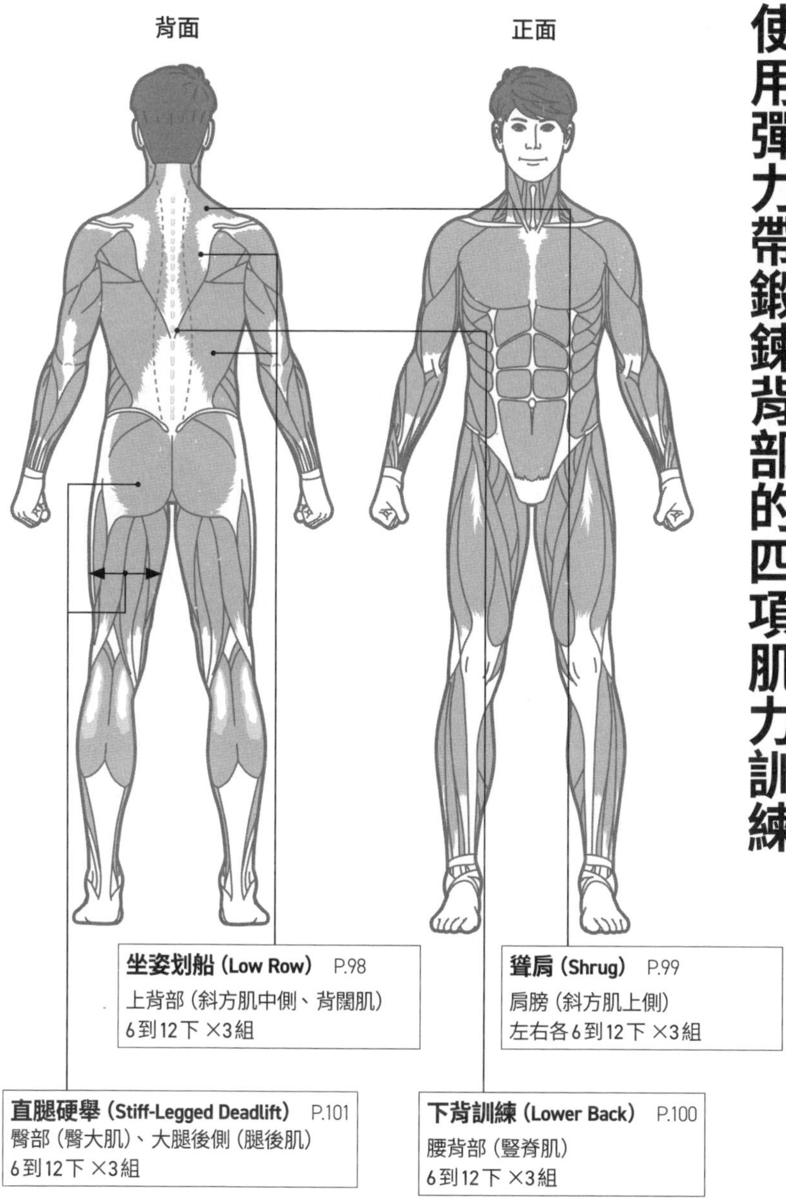

坐姿划船（Low Row）

上背部（斜方肌中側、背闊肌）

6到12下×3組

1. 坐在地上，雙腳併攏膝蓋微彎，腳踝垂直彎曲。將彈力帶繞過腳掌，雙手握住兩端，伸直手肘，上半身與地面保持垂直，調節彈力帶的張力。
2. 上半身保持垂直，挺胸並彎曲手肘拉動彈力帶，再回到起始姿勢。

NG 不可讓手肘向外打開或讓上半身後仰。手臂內收，上半身保持垂直。

聳肩（Shrug）

肩膀（斜方肌上側）

左右各6到12下 ×3組

1. 單腳踩住彈力帶，以同一側的手握住彈力帶兩端，張開雙腳站立，與肩同寬。伸直握住彈力帶的手臂，上半身與地面保持垂直，調節彈力帶的張力。
2. 手肘保持打直，聳肩拉起彈力帶，再回到起始姿勢。左右換邊重複同樣動作。

1

吐氣
向心收縮
1秒

吸氣
離心收縮
2到5秒

2

NG 拉動彈力帶的時候上半身不能傾斜，要與地面保持垂直。

下背訓練（Lower Back）

腰背部（豎脊肌）

6到12下 ×3組

1. 淺坐在椅子上，雙膝微彎，腳踝彎曲呈直角。將彈力帶繞過腳掌，雙手握住兩端，拱背伸直手肘，調節彈力帶的張力。
2. 保持手肘伸直的狀態，以肚臍為支點垂直抬起上半身，拉動彈力帶，再回到起始姿勢。

1

2

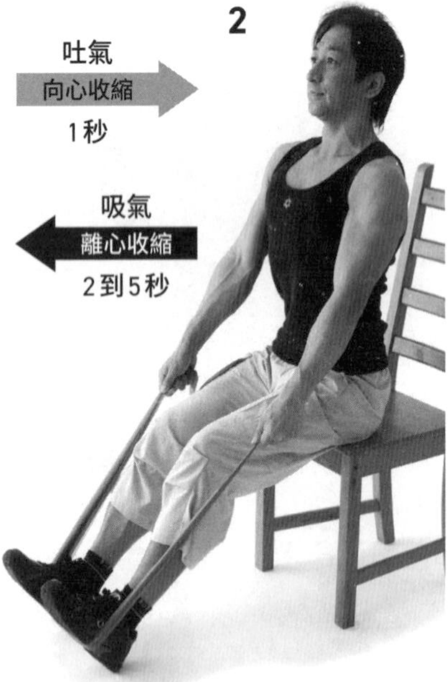

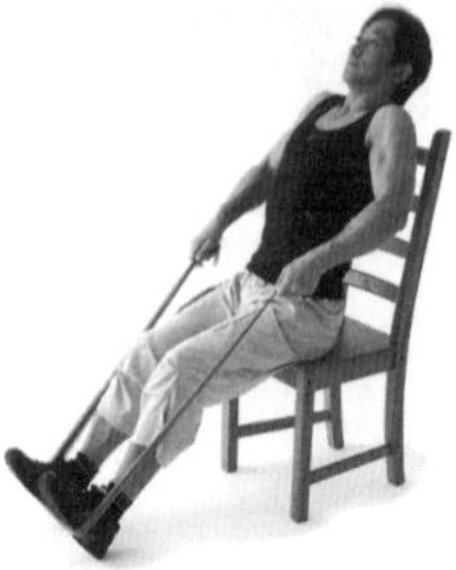

NG

上半身不能過度後傾，不是用手臂拉動彈力帶，而是透過抬起上半身的力量拉動。

直腿硬舉（Stiff-Legged Deadlift）

臀部（臀大肌）、大腿後側（腿後肌）

6到12下 ×3組

1. 雙腳與腰同寬，踩住彈力帶，握住彈力帶的兩端，手肘伸直。膝蓋微彎，臀部往後推，上半身前傾。伸直背脊挺胸，調節彈力帶的張力。
2. 伸直膝蓋，垂直抬起上半身拉動彈力帶，再回到起始姿勢。

NG 膝蓋微彎即可，若彎曲角度過大，會變成大腿前側的肌力訓練。

實踐篇 14

同為肌力訓練，選在下午稍晚或傍晚的時段進行，會比早上來得好

究竟要在哪個時段做肌力訓練比較好？這是初學者常問的問題之一，其實答案意外單純，只要選擇對自己而言容易持續的時段，什麼時候訓練都可以。

再次強調「肌肉與羅馬不是一天造成的」，能持續訓練是最重要的。**依照個人的生活習慣，對自己來說容易持續的時段就是最佳時段。在固定的時段訓練，更容易養成訓練習慣。**

如果是上班族，平日通常只能利用上班前的時段，或是下班回到家後的時段進行訓練，很難有一段完整的訓練時間。

如果是不喜歡熬夜、習慣早起，早上總是精神充沛的早起族，可以利用早上起床到出門上班之間的時段進行訓練。

在早上進行肌力訓練，可透過肌力訓練的刺激讓體內分泌生長激素。由於生長激素具有分解體脂肪的作用，之後在通勤或外出跑業務的步行時間，身體會優先使用分解的體脂肪，更容易變瘦。

然而，早上人的體溫較低，肌肉尚未熱起來，原本是不適合運動的。在早上做運動的話，可以先保持節奏原地踏步，讓身體輕微出汗；或是做做家事，進行暖身

運動，讓肌肉熱起來。

如果是不擅長早起、經常熬夜的夜貓族，可以利用下班回家後的時段進行肌力訓練。**訓練過後，晚餐多攝取魚類或肉類等蛋白質，製造肌肉的材料充足，更容易達成肌肥大。**之後一碰到枕頭很快就會進入深層睡眠，這期間身體也會分泌生長激素。生長激素與肌肥大的關聯性先前已經提過，深層睡眠確實能幫助肌肉成長。但若是在睡前做激烈運動，身體會處於興奮狀態，反而難以入睡。建議最晚要在就寢前一小時完成訓練。

如果是假日，可以自己選擇喜歡的時段進行訓練，如果沒有拘泥於特定時段，那麼下午四點至六點之間是最適合做肌力訓練的時段。

人類是在白天活動、夜間休息的晝行性動物，體內的生理時鐘會記下每天活動與休息的節奏。每天照到早晨的陽光後，生理時鐘會重置，開始記錄當天的節奏。在生理時鐘的指揮下，體溫與肌肉溫度會在下午四點至傍晚六點間提高，營造出適合劇烈活動的體內環境。試著在這個時段做肌力訓練，會發現雖然訓練項目與平日相同，做起來卻感覺更加輕鬆。學校的社團活動時間，大多也都會安排在放學後的下午四點至傍晚六點，這也是為了配合生理時鐘的節奏。

實踐篇

15

沒有肌肉酸痛就代表訓練沒有效果，這是錯誤的觀念

做不熟悉的運動或幫忙搬家，身體經過劇烈活動後，隔天通常會肌肉酸痛。由於這是在運動過了一陣子後才出現的疼痛，所以在專業領域被稱為「延遲性肌肉酸痛」。

如果是長期未進行運動的人，即使是做本書所介紹的肌力訓練，一開始通常也會出現肌肉酸痛的情形（有些人不會）。**不久之後，就不會肌肉酸痛了，但這不代表訓練沒有效果。有無肌肉酸痛，並不是判斷訓練成效的標準。**

至於**訓練為何會引起肌肉酸痛？其中的機制目前尚未百分之百研究清楚。**

過去認為，肌肉酸痛是肌纖維損傷或發炎所造成。當身體受到損傷或發炎的時候，的確會分泌讓人感到疼痛的物質，但詳細調查後發現，即使進行非常激烈的肌力訓練，也不會造成肌纖維的損傷或發炎。

現在最有力的假說，是大腦受到肌纖維洩漏的物質影響，導致感受到疼痛的「閾值」下降。所謂的「閾值」，指的是產生某種反應所需的最小刺激。

當閾值下降時，即使是再平常不過的動作都會形成強烈的刺激，因而感覺肌肉

酸痛。藉由肌肉伸縮而從肌纖維中產生的ATP（三磷酸腺苷）和腺苷，都是很有可能造成腦部閾值降低的物質，這兩者也都是供應能量給肌肉的物質。

在運動初期，由於神經系統尚未適應，肌肉在還沒做好準備的情況下突然伸縮，遭受突襲的肌纖維就會產生干擾腦部「閾值」的物質。這或許是一種身體為了保護肌肉，而去抵抗不熟悉的運動的本能。

當神經系統適應，逐漸習慣運動後，肌纖維就不會突然遭受突襲，也就不會出現肌肉酸痛的情況了。

根據這個有力的假說，肌肉不再酸痛是神經系統適應的證據。**即使肌肉不再酸痛，只要能讓肌肉達到徹底疲勞的力竭狀態，照理說肌肉就能順利地持續成長。**

肌肉酸痛的情形通常出現在做完肌力訓練的隔天，然後過沒多久就會消失。如果間隔兩到三天進行肌力訓練，在下次訓練的時候，身體應該不會殘留強烈的肌肉酸痛。**如果到了下一個訓練日肌肉還在酸痛，可以先做一組觀察看看，如果沒有感覺到強烈的疼痛，可以用平常的負荷做完六至十二下，就代表沒問題，可以繼續訓練。**如果無法做完，代表身體有可能尚未從疲勞中恢復，那麼當天就先休息，改天再嘗試。休息也是訓練的一環。

實踐篇

16

做肌力訓練的同時，也能燃燒體脂肪

好不容易練出了肌肉，如果表層還囤積著大量的脂肪，便無法呈現出緊實的身材。

尤其是皮下脂肪，皮下脂肪主要附著在位於身體表層且會影響體型的表層肌上面，所以減少體脂肪也相當重要。雖然增加肌肉量可以打造出容易燃燒體脂肪的體質，但還有一種更有效率的方法，**可以在做肌力訓練的同時燃燒體脂肪，那就是循環訓練。**

醣類與體脂肪是運動的主要能量來源。由於肌力訓練主要是運用醣類，所以一般認為肌力訓練燃燒體脂肪的效果較差。**健走與慢跑等有氧運動燃燒體脂肪的效果較佳，而循環訓練可以將肌力訓練轉變為有氧運動，促進體脂肪的燃燒。**

循環訓練是連續進行五種以上肌力訓練，中間不休息的訓練方法。

例如，進行五種肌力訓練的時候，通常是每種訓練各做三組，一個項目做完三組後，再進入下一個項目做三組，這種方式稱為分組訓練法。相對地，循環訓練則是五種訓練各做一組，依序做完後後休息六十秒，從頭開始進行第二輪訓練。由

於做完一輪回到起點感覺像是在繞圈（循環），所以稱為循環訓練。做三個循環，就等於五種訓練各做三組。

分組訓練法的每組訓練之間，平均會穿插六十秒的間歇（休息）時間，而循環訓練法只有在每組循環之間有間歇時間，每種訓練之間則沒有。不間斷地進行訓練，在鍛鍊肌肉的同時，也和有氧運動一樣會燃燒體脂肪，一舉兩得。有氧運動要以不會喘不過氣的節奏進行，並保持每分鐘心率（心臟每分鐘跳動的次數）在一百二十至一百三十次之間。採用分組訓練法進行一般的肌力訓練時，間歇期間心率會下降。**而循環訓練法是不穿插休息時間一直持續下去，能維持高心率，所以和有氧運動一樣可以燃燒體脂肪。**

跟分組訓練法相比，循環訓練法無法透過間歇時間來休息，所以會感到較為吃力。不過，由於沒有間歇，整體運動時間縮短也是一大優點。**對於忙碌的人來說，可在短時間內鍛鍊肌肉並燃燒體脂肪的循環訓練法，是一種理想的訓練計劃。下一頁開始會介紹以五至六個循環進行六項訓練的計劃。**

六項循環訓練

・各項進行10秒
・完成1循環後休息60秒
・進行5到6個循環

1

交互蹬腿
（Leg Shuffle）

下半身、軀幹

1. 雙手與肩膀連成一條線，手肘打直，做出伏地挺身的姿勢，單膝朝身體彎曲。
2. 保持手臂打直，雙腳蹬地輕跳，高高抬起臀部，左右腳交換。
3. 保持一定節奏，左右輪流動作。

1

2

3

2

摔角式伏地挺身（Wrestling Push-up）

上半身、軀幹

1. 雙手與肩同寬，雙腳張開至肩寬的1.5倍，擺出伏地挺身的姿勢。雙手與雙腳伸直，抬高臀部呈現倒V字形的姿勢。
2. 彎曲手肘，讓背部與地板保持平行。
3. 伸直手肘，讓腹部貼近地面，上半身向後彎曲，再回到起始姿勢。

1

2

3

3

碰腳尖（Toe-touching）

上半身、軀幹

1. 仰躺在地，雙腳伸直並張開至與腰同寬，雙手張開放在身體兩側，呈八字形。
2. 伸直單腳並往身體靠近，扭轉抬起上半身，以觸碰的感覺用手指靠近對角的腳尖，再回到起始姿勢。
3. 左右交替進行。

1

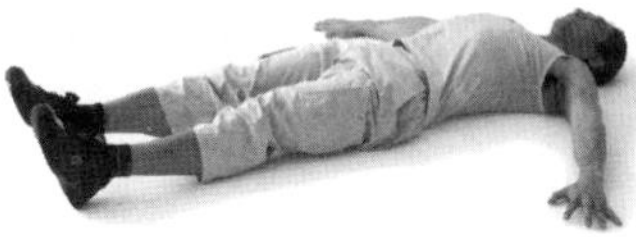

2

3

4

弓箭步扭轉
(Twisting Lunge)

下半身、軀幹

1. 張開雙腳與腰同寬，雙手放在後腦勺。
2. 單腳向前跨出一大步，前後膝蓋彎曲呈90度，上半身往正下方蹲低。
3. 扭轉腰部，上半身轉向前腳的方向，前腳蹬地回到起始姿勢。左右交替進行。

5

毛巾前滑
(Towel Slide)

上半身、軀幹

1. 雙手與雙膝著地，呈四足跪姿，背部與地板保持平行，雙手下方鋪上毛巾。
2. 單手手臂往前伸，把毛巾往前滑動，上半身貼近地面後回到起始姿勢。
3. 左右交替進行。

1

2

3

6

碰膝
(Knee to Head)

上半身、軀幹

1. 坐在地板上，雙膝彎曲呈90度，雙手放在身體後方，挺直背脊，上半身往後傾斜約60度。手指指尖朝向正面。
2. 彎曲手肘拱背，骨盆後傾，雙膝往身體方向移動，使膝蓋與頭部貼近，再回到起始姿勢。

1

2

實踐篇 17

在日常生活中，也能「順便」做肌力訓練

在日常生活中，也可以進行肌力訓練。缺乏肌力或不擅長運動的人，可以從這種方式開始。

消耗的熱量比靜止不動時更多的活動，稱為身體活動。肌力訓練等運動、做家事或通勤等生活活動，都屬於身體活動。在一整天裡，身體活動所消耗的熱量約佔三〇%。對於沒有運動習慣的人來說，這些全都來自生活活動。因此，**如果能增加生活活動，就算不特別去運動，應該也能增加消耗的熱量並減少體脂肪。**肌力訓練通常是每週兩次，而生活活動是每個人每天不可或缺的活動。「聚沙成塔」，只要持之以恆，相信一定會有成效。

這時候如果能想辦法提高生活活動的負荷，就能加入肌力訓練的要素。對於因運動不足而肌肉退化的族群來說，即使只是「順便做肌力訓練」，依舊足以培養基礎肌力。

覺得一般肌力訓練太過吃力的人，透過這種方法進行肌力訓練，也可以培養出能進行肌力訓練的基礎體力。之後，請加入肌力訓練的項目，即使只有一項也行。

上樓梯深蹲

大腿前側（股四頭肌）、大腿後側（腿後肌）、臀部（臀大肌）

挺直背部與胸膛，上半身保持垂直，一次踩兩級階梯，慢慢走上樓。一次踩兩級階梯的時候，髖關節與膝關節會大幅活動，可以強化大腿與臀部的力量。盡量用前腳的力量撐起全身。

夾腋下運動

胸部（胸大肌）、背部（背闊肌）

將雜誌或筆記本放在腋下，用手肘夾住，維持正常呼吸，用手肘全力將物品往身體側面壓。使用輕薄而光滑的雜誌可提高運動效果。做10到30秒後換邊。

抬臉運動

腰背部（豎脊肌）

俯臥在地，張開雙腳與肩同寬，往後方伸直。雙手交疊托住下巴，慢慢地抬起上半身，背部往後彎，一邊呼吸，一邊保持這個動作10到30秒。

拱背運動

腹部（腹肌）

坐在地板上，彎曲雙膝與腳踝，雙手伸直與肩同寬，與地板保持平行，維持身體平衡，同時上半身往後傾，拱起背部。一邊呼吸，一邊保持這個動作10到30秒。

實踐篇
18

即便是不想訓練的時候，也試著稍微做一下，幹勁會逐漸湧現

到了預計要進行肌力訓練的日子，有時候會沒有幹勁，覺得「不想訓練」。這時候該怎麼辦才好呢？

首先，即使出現「不想訓練」的想法，也不要斷定是「自己意志力薄弱」或「自己不適合訓練」。因為，會覺得「不想訓練」是再自然不過的事。

畢竟訓練會對身體帶來一定程度的負荷與壓力。壓力會變成一種刺激，成為從內部促使肌肉成長的原動力。話雖如此，沒有人會打從心底想對身體施加壓力。就算是資深的健美選手，也不可能每天都抱著雀躍的心情前往健身房。

接下來，試著思考看看自己感到「不想訓練」的原因。

明明整天都坐在辦公桌前，卻覺得好累、「不想做訓練」時，試著稍微逼自己做少量的訓練吧。很多時候，做肌力訓練可消除疲勞，甚至讓人感到神清氣爽。

辦公桌工作帶來的是精神上的疲勞。一整天盯著電腦或平板，處理瑣碎的事務，任何人都會感到疲憊不堪。這是大腦感受到的疲勞。畢竟只是一直坐在辦公桌前，身體當然不會累。久坐會造成血液循

環變差，代謝變慢，難以清除讓大腦感到疲勞的疲勞物質。這就是疲勞感的根源。

不限於肌力訓練，**任何運動都能改善血液循環，促進疲勞物質的代謝，進而減輕疲勞感**。本書七二至七五頁介紹的下半身肌力訓練具有促進血液循環的功效，因此能有效減輕精神上的疲勞。就相信我一次，試著做做看吧，即使只做一組也好。只要做了一組訓練，幹勁就會開始湧現，進而做完第二組與第三組訓練，最後肯定能完成當天的訓練計劃。

另一方面，因為在外跑業務造成身體上的疲勞，產生「不想做訓練」的想法時，就要暫停肌力訓練。雖然運動可以促進血液循環，減輕身體上的疲勞，但硬是強迫疲勞的肌肉進行肌力訓練，姿勢會走樣，導致訓練效果大打折扣。

當身體疲勞的時候，可以透過對身體負擔較小的健走來促進血液循環。與不做任何活動就倒頭大睡相比，稍微走點路、活動一下身體，改善疲勞的效果更佳。這就稱為「主動式休息」。運動選手在比賽後稍微慢跑一下，就是主動式休息的一種。

實踐篇 19

一旦養成了肌肉，即便每週只做一次肌力訓練也能維持

肌肉退化是引發肥胖與LOCOMO（運動障礙症候群）的直接原因，但也不代表肌肉練得愈大愈好。

先不談健美選手等追求體態美的競技人士，如果是希望身體變得緊實與健康而進行肌力訓練的一般人，就不要把肌肉練到超過必要程度的大小。每種骨骼都有合適的肌肉的體積，肌肉太多有可能會帶給膝蓋或腰部負擔。此外，培養肥大的肌肉必須攝取大量的蛋白質，但是攝取大量的肉類或海鮮等蛋白質，會使負責代謝蛋白質的肝臟與腎臟負擔加重。

採用本書主要介紹的自重訓練，就不用擔心肌肉變得太大。使用寶特瓶或啞鈴的肌力訓練也一樣。如果逐步增加負荷，肌肥大慢慢停滯的時候，就不要再勉強鍛鍊下去。要更改訓練方針，將訓練的重點放在維持現有的肌肉。

為了保持肌肉持續穩定成長，必須要以間隔兩到三天的頻率，每週做兩次肌力訓練。但**如果只是要維持現有的肌肉，每週做一次就可以了。這時候的重點是不要降低負荷或減少次數與組數。要對肌肉施加相同的刺激，才能靠每週一次的訓練維**

持肌肉量。

在肌肉維持期，要留意訓練的習慣。每週做一次與每週做兩次相比，訓練的頻率剛好減半。由於整體運動負荷也減少一半，相較於每週做兩次，大家可能覺得每週做一次更容易養成習慣，但意外的是，事實剛好相反。**像刷牙這種每天都要做的事較容易養成習慣，頻率愈低的行為，愈難以養成習慣。一般來說，假日的時間會比平日更有彈性，建議在星期六或星期日定下固定的時段進行訓練。**

為了養成訓練的習慣，決定訓練日之後，在行事曆或月曆上記下未來一至兩個月的肌力訓練行程也是個不錯的方法。

事先記下訓練行程，遇到「這週末要去打高爾夫球」的時候，就會知道「無法做肌力訓練」，這時候可以把訓練日改到前一天或隔天。同理，如果在排定肌力訓練的日子遇到急事，只要事先想好應變方法，即使是每週一次的頻率，也能輕鬆持續下去。

在每週一次的情況下，只要休息一次，訓練間隔就會變成兩週。雖然身體不會在短短兩週就像是魔法失效般變回原樣，但如果每個月休息超過兩次，辛苦練起來的肌肉就很容易退化，請多加留意。

實踐篇 20

肌肉具有絕佳的記憶力，即使停止鍛鍊，重新開始後肌肉很快就會恢復狀態

只要完全停止肌力訓練，辛辛苦苦練起來的肌肉就會逐漸退化。這種中斷訓練的情形稱為「停止訓練（Detraining）」。

如果因為感染流感等身體不適症狀，或長期在國外出差導致訓練中斷，在兩週以內的話，肌力幾乎不會衰退。

若超過兩週沒有訓練，肌力就會開始逐漸降低，肌肉也會退化。一般來說，花費三個月時間鍛鍊而成的肌肉，會在三個月之後被打回原形；而花費半年時間鍛鍊而成的肌肉，則是半年。值得慶幸的是，若能在一定期間內維持鍛鍊，訓練結果並不會前功盡棄。

此外，**只要曾經持續進行一定程度的肌力訓練，重新恢復訓練的時候，肌肉量與肌力會在短時間內回到原本的狀態。相對於停止訓練，重新開始訓練的情形稱為「再訓練（Retraining）」。**

肌肉量與肌力之所以能透過再訓練快速恢復，是因為肌肉中具備一種名叫「肌肉記憶」的記憶裝置。至今為止，我們還沒完全了解肌肉記憶的機制，不過，其中的肌衛星細胞（參照三七頁）應該扮演著很重要的角色。持續做肌力訓練一段時間，

中斷與重啟訓練造成的肌力變化

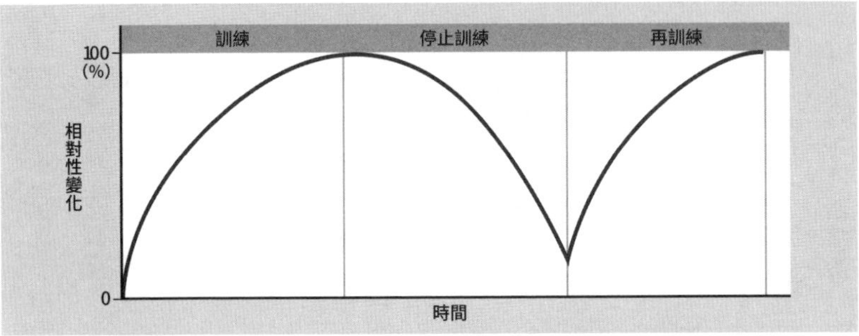

因肌力訓練而提升的肌力，會在進入停止訓練的期間，降低到接近原始的水準（不會完全歸零）。進入再訓練階段後，會比之前更快提升到先前訓練過的水準。

形成肌肥大，肌衛星細胞就會與既存的肌纖維結合。而肌纖維的細胞核增多，會促進肌肥大現象。即使停止訓練，已結合的肌衛星細胞並不會分離，肌纖維的細胞核還是處在增多後的狀態。細胞核多，就能一次合成大量蛋白質，於是重新開始肌力訓練後，肌肉成長的速度就會比以前還快。

現在還無法確定，因肌衛星細胞產生的「肌肉記憶」是否會一輩子存在，但是一般認為，訓練的記憶至少可以留存超過十年。看來「寶刀未老」這句成語也可以套用在肌纖維上。

若能將身體鍛鍊到一定程度，之後即使反覆中斷或重啟訓練，透過再訓練讓肌肉恢復狀態的時間也會逐漸縮短。這是與肌纖維結合的肌衛星細胞愈來愈多，以及肌肉的記憶力變得更好所致。就算因為某些原因中斷訓練，只要重新開始訓練，肌肉也能長期維持在一定的水準。

實踐篇 21

如果要做有氧運動，要依照肌力訓練→有氧運動的順序進行

除了肌力訓練外，有些人也會一併進行有氧運動（有氧健身操）。所謂的有氧運動，就是健走或慢跑這類，長時間持續進行不會太喘的輕度全身運動的訓練。運動期間能藉由氧氣高效率地燃燒體脂肪，對減肥非常有效。

如果要同時進行肌力訓練與有氧運動，要採肌力訓練→有氧運動的順序。

由於有氧運動具有提高肌肉溫度的暖身效果，過去都說要先做有氧運動，再做肌力訓練。但**如果想要一舉兩得，在鍛鍊肌肉的同時燃燒體脂肪，先做肌力訓練，再做有氧運動才是正確的。**

肌力訓練能促進生長激素的分泌。生長激素能對脂肪細胞產生作用，促進體脂肪分解。因為做肌力訓練的時候，體脂肪會被分解，在這之後進行有氧運動會更易於燃燒體脂肪。**即使不進行健走之類的有氧運動也無妨，在做完肌力訓練後養成積極活動身體的習慣，不要倒頭大睡，自然而然就能燃燒體脂肪。**

03

以科學的角度分析飲食與營養

飲食篇

飲食篇 01

蛋白質是雕塑體態不可或缺的營養素，如果攝取量不足，肌力訓練的效果會減半

小學的健康教育課本，應該是這麼解說三大營養素的。

「碳水化合物與脂肪是作為能量來源的營養素，蛋白質是構成身體的營養素。」

沒錯。人體中據說多達三十七兆的細胞主要成分就是蛋白質。內臟、皮膚、毛髮、血液、酵素、荷爾蒙，當然還有肌肉，它們的主要成分都是蛋白質。

從微觀的角度來看，蛋白質是由五十個以上的胺基酸所構成的。胺基酸是由碳、氫、氧、氮組成的化合物，自然界中存在著超過數百種的胺基酸。其中**有二十種胺基酸，是構成人體的蛋白質的原料**。不同的胺基酸經過複雜的結合過程，形成各式各樣的蛋白質，最後成為人體的血肉。

如果體內能自行製造這二十種胺基酸，做肌力訓練時就不需要學習這些營養知識了，然而，我們的人體機制無法自給自足。在二十種胺基酸中，能自行合成的只有十一種，剩下九種胺基酸要透過攝取含有蛋白質的食物獲得，這樣才能集齊二十種胺基酸。

能自行合成的胺基酸，稱為非必需胺基酸，其他的九種胺基酸稱為必需胺基

無法在體內合成的必需胺基酸

異白胺酸	蘇胺酸
白胺酸	色胺酸
離胺酸	纈胺酸
甲硫胺酸	組胺酸
苯丙胺酸	

可在體內合成的非必需胺基酸

天門冬醯胺	酸麩胺酸
酸天門冬胺酸	半胱胺酸
丙胺酸	絲胺酸
精胺酸	酪胺酸
甘胺酸	脯胺酸
麩醯胺酸	

酸。近年來備受矚目的EAA（EAA胺基酸），指的就是必需胺基酸。

肉類或魚類等蛋白質食材會被視為維持生命不可或缺的食材，就表示我們一定要補充必需胺基酸才行。無關年齡或體型，每個人都一樣。

做肌力訓練的時候，當然會需要攝取比平常更多的必需胺基酸。如果只補充最基本的需求量，再怎麼努力訓練都難以獲得成效。若缺少增肌的材料，肌纖維也不會變粗。想要打造理想的身材，光靠刻苦訓練是不夠的。進行肌力訓練時一定要具備營養學知識，請大家先建立這層認知。

飲食篇
02

以一百分為滿分來評比蛋白質食材，分數愈高對於肌力訓練愈有效

該怎麼做才能高效率地補充人體無法自行製造的九種必需胺基酸呢？

可以參考**胺基酸分數**。

即使同樣都是被稱為蛋白質食材的食品，其中的胺基酸組成也各有不同。有些食品含有豐富的某種胺基酸，也有些食品的特定胺基酸含量非常少。如果過量或不足的胺基酸是身體可自行合成的非必需胺基酸，就不用太過在意。

問題在於必需胺基酸極端過量或不足的狀況。胺基酸分數會將其以數值呈現出來。

我們將九種必需胺基酸皆有達到一定含量的理想蛋白質定為一百分。而胺基酸分數就是比較蛋白質中的胺基酸組成後計算出來的數值。也就是說，胺基酸分數接近一百分的食材，就屬於「高品質蛋白質」食材。九種胺基酸中有任何一種不足，都會讓身體的蛋白質利用效率降低。

可以將必需胺基酸想像成用木板組裝而成的木桶（參照左圖）。如果九片木板都有一定長度，而且高度相同，就可以盛裝大量的水。若木板的長度不一，水位就只能達到最低木板的高度。

胺基酸分數就像是以九片木板組裝而成的木桶。木板愈長且高度平均，就能盛裝大量的水；若其中一片木板的高度較低，水位就只能到達最低木板的高度。

同理，**如果蛋白質中必需胺基酸的含量充足且平均，身體的蛋白質利用效率就會提高；如果特定胺基酸的含量較低，利用效率也會降低。**

在木板長短不一的桶子中，較長的部分無法被身體充分利用，於是會變成多餘的物質。而多餘的物質只能被當作老廢物質送到腎臟。由於蛋白質過濾起來比較麻煩，所以會給腎臟造成負擔。此外，蛋白質分解後會形成尿酸，囤積於關節，有可能會造成痛風。

做肌力訓練並積極攝取蛋白質的時候，要先確認食材的胺基酸分數。盡量選擇接近一百分的食材，有意識地攝取是非常重要的。

飲食篇

03

「吃肉會變胖」是莫大的誤解。挑對部位與料理方式，肉就會成為肌力訓練的可靠夥伴

大多數肉類的胺基酸分數都是一百分，是優秀的蛋白質食材。也就是說，做肌力訓練的期間，肉類是可以積極攝取的食材。

然而，有不少人對肉類感到排斥。因為有不少人對肉類抱持這種刻板印象「肉類＝肥胖」。不只是瘦身期間的年輕女性，意外地有很多男性也是如此。

但這是莫大的誤解。人並不會因為吃肉而變胖。正確來說，是某些吃肉的方法可能導致發胖。那麼，哪些吃肉的方式容易導致發胖呢？

第一個重點是選擇部位的方法。同樣都是一頭牛、一頭豬、一隻雞，但熱量高低會依部位而異。

請參考左邊的熱量表。同樣都是一〇〇克，牛里肌肉的熱量為二九八大卡，腰內肉為一三三大卡。在牛排館用餐時，根據所選的部位，一餐攝取的熱量會有很大的差別。這個數值的差異來自肉類中的脂質含量差異，以及蛋白質的含量差異。一克蛋白質有四大卡，一克脂質有九大卡，熱量差了一倍以上。

相同的道理，在煮馬鈴薯燉肉的時候，使用豬五花肉或豬後腿肉，熱量會相差約二〇〇大卡。雞肉也是，帶皮的雞里肌肉與去皮的雞里肌肉，熱量相差一〇〇大卡。

如果要吃肉，請盡可能選擇脂肪較少的瘦肉。

接下來，還要留意烹調方式。即使是相同的食材，根據烤、煮、炒、炸，每餐所含的熱量也會不同。控制熱量的有效方式，就是在烹調時盡可能減少油的用量。即使選擇雞里肌肉，如果吃的是裹上厚厚麵衣的炸雞，一加一減之後等於沒差，甚至有可能攝取了過量的脂肪。**基本上，訓練期間可接受的烹調方式範圍最多只到「炒」，請大家謹記在心。**

只要好好挑選部位與烹調方式，肉類就會成為肌力訓練的可靠夥伴。去燒肉店、牛排館、在外用餐或選購熟食的時候，請掌握這兩大重點。

各部位熱量（每 100g）

豬肉		牛肉（進口牛）
395 kcal	五花肉	371 kcal
263 kcal	里肌肉（沙朗）	298 kcal
216 kcal	肩胛肉	180 kcal
183 kcal	腿肉	165 kcal
130 kcal	腰內肉	133 kcal

日本食品標準成分表2015年版（修訂七版）

將烹調方式依據熱量低至高排列

蒸 > 烤 > 煮 > 炒 > 炸

飲食篇
04

若想瘦腰，就要確認必需熱量

明明飲食跟年輕時期相比沒有太大改變，但不知為何每年體重都會增加一公斤，或是腰圍一年比一年增加，皮帶愈繫愈寬。

這是因為吃下的熱量比消耗的熱量更多。例如，十年前即使偶爾暴飲暴食，腹部也不會囤積一堆脂肪。因為當時的日常活動量大，而且身體也保持著一定的肌肉量，基礎代謝較高。

然而，十年後的現在沒有運動習慣，肌肉隨著年齡而退化，基礎代謝也處於低下的狀態。就算飲食生活和十年前一樣，發胖也是理所當然的。

因此，若想透過肌力訓練打造緊實的身材，就得了解符合自己年齡的適當飲食份量。

以三、四十歲的人為例。如果是平常只有因為通勤或工作時而站立、時而行走的生活活動強度的人，每日所需的熱量為二六五〇大卡。以一天三餐的飲食範例來看，就會是左邊的內容。

造成攝取熱量大於消耗熱量的原因，通常是攝取過多的碳水化合物或脂肪。也許是攝取主食的份量逐漸增多，或是不知

不覺攝取了過量的脂肪。

例如，一碗一四〇克普通份量的白飯，熱量為二三五大卡；二四〇克的大碗白飯，熱量為四〇三大卡。**一天吃下三大碗白飯，熱量就會超標五〇四大卡。換算後約等於七二克的脂肪，一個月會累積二公斤以上的脂肪量。**

各位可以將腹部周圍的脂肪，想成毫無用途的熱量的最終落腳處。而且這些脂肪與肌肉不同，對於我們今後的人生毫無益處。

首先要找出適合自身年齡與生活的飲食量，並調整實際的飲食攝取量。接著再藉由肌力訓練培養出肌肉，提高基礎代謝。

一日的必需熱量

30 到 49 歲男性 **2650kcal**

50 到 69 歲男性 **2450kcal**

（生活活動強度：普通）

40 多歲男性　2650kcal 的菜單範例

	菜單	份量
早餐	吐司	2片
	火腿蛋	雞蛋1顆、火腿1片
	沙拉	馬鈴薯與蔬菜沙拉
	牛奶	200ml
	水果（草莓）	70g
午餐	湯麵	1人份
	煎餃	5顆
	蔬果汁	200ml
晚餐	白飯	230g
	燉煮味噌鯖魚	1人份
	金平牛蒡	1人份
	燙菠菜	1人份
	味噌湯	1人份

飲食篇 05

植物性蛋白質對日本人來說也不可或缺，其中最值得關注的是納豆

先前提過，胺基酸分數愈高的食材營養效率愈高，能有效提升肌力訓練效果。

胺基酸分數為一百分的蛋白質食品中，以牛、豬、雞等肉類，鮪魚、竹筴魚、沙丁魚等魚類，以及牛奶和優格等乳製品、雞蛋為代表，也就是動物性蛋白質。那麼，訓練期間只要多攝取這些食材就好了嗎？這可不見得。

因為作為植物性蛋白質代表的大豆，也是我們應該積極攝取的食材。理由之一是，日本人自古以來的飲食生活就充滿大豆的身影，豆腐、毛豆、黃豆粉、豆渣等，都是我們平時常吃的食物，味噌、醬油等和食的基本調味料也是以大豆製作而成。能如此頻繁地食用大豆，**代表日本人體內消化大豆蛋白質的酵素十分充足。**

而且，大豆蛋白質並不像動物性蛋白質含有膽固醇。不僅如此，還有眾多文獻證實，大豆能幫助降低血液中的膽固醇。

大豆的另一項優點是低熱量，且含有豐富的膳食纖維。由於膳食纖維具有調節腸道環境平衡的作用，有助於提升營養的吸收效率。

大豆的胺基酸分數為八十六分，與動

物性蛋白質相比，其必需胺基酸的平衡略差。也就是說，沒有被利用到的胺基酸將成為體內的多餘物質。解決這個問題的方法很簡單，只要和動物性蛋白質一同攝取即可。

例如將納豆與雞蛋拌著吃，或是在煮鍋類料理時，加入豆腐與白肉魚一起食用。此外，日式肉豆腐或棒棒雞豆腐，也都是有效活用植物性蛋白質胺基酸的料理。

在大豆製品中，特別值得推薦的食材是納豆。納豆為發酵食品，能有效調節腸道環境的平衡。此外，有研究指出，由複數胺基酸所組成的肽或納豆激酶等酵素，也有助於生成骨骼。在進行屬於重度負荷運動的重量訓練時，不僅是肌肉，骨骼也要承受物理性負荷。為了保護身體避免受傷，這一點也非常重要。

提到肌力訓練，大家都認為要吃雞里肌肉或豬里肌肉，但**適當結合動物性與植物性蛋白質，才是真正聰明的肌力訓練營養學。**

飲食篇 06

蛋白質必需攝取量因人而異，進行肌力訓練時，每一公斤體重要攝取一・六克的蛋白質

接著，讓我們來思考一下一日所需的蛋白質攝取量。

以碳水化合物、脂肪、蛋白質脂這三大營養素的比例來看，一般來說，蛋白質約佔一日攝取總熱量的一五%。雖說如此，一般人要逐一計算這些實在太過麻煩，除非你是營養專家。

更具體地來看，每一公斤體重所需的蛋白質攝取量就是推算平均必需量：

- 體重乘以〇・七四

而建議攝取量為：

- 體重乘以〇・九三

如果體重七十公斤，換算下來就是七〇乘以〇・九三，等於六五・一克蛋白質，只要攝取到這個份量的蛋白質，基本上就不會有太大問題。

不過，這是針對沒有定期運動習慣的人所推算的數值。如果有對身體施加一定程度的運動負荷，就需要攝取相應份量的蛋白質，以維持能承受該運動的肌肉。

例如，定期慢跑的人，每一公斤的體重需攝取一・二到一・四克蛋白質；**進行肌力訓練的人則要攝取一・六到一・七克**。假如是使用槓鈴進行高負荷阻力訓

練，大概要一・八到二・〇克的蛋白質才夠。

若進行自重肌力訓練，體重為七十公斤的人，一天大約需要攝取一一二到一一九克的蛋白質。但這並不代表直接吃下一百克的豬里肌肉或雞里肌肉就好。**沒有任何食物是由百分之百的蛋白質構成，所以攝取時要考量到該食物的蛋白質含量。**以豬里肌肉為例，一百克的豬里肌肉含有超過二二克的蛋白質，因此吃下約五百克的豬里肌肉就能達標。

各位可能會覺得很多，**但身體一次能吸收的蛋白質量大約是四十克左右。只要每一餐的蛋白質含量都超過這個數值就可以了。**

此外，不要只攝取單一種蛋白質食材，搭配食用植物性與動物性蛋白質的重要性已無須多言。

食物的蛋白質含量（g）

雞蛋	1顆	6
牛奶	1玻璃杯	6
優格	1小杯	6
牛排	200g	37
牛丼	普通份量1碗	17
熱狗	1根	12
雞里肌肉	1條	8
秋刀魚	1尾	16
鮭魚	1片	12
鮪魚罐頭	1罐	20
蒲燒鰻魚	1片	18
納豆	1盒	6
豆腐	1塊	20

飲食篇 07

在做肌力訓練時實行大受歡迎的減醣瘦身法，反而會使肌肉減少

這幾年，減醣瘦身法備受矚目。這是在一天之中的一到兩餐，極端一點一天三餐都不攝取醣類的瘦身法。

基本作法是不吃白飯、麵包、麵類等碳水化合物主食或甜食，以及番茄或紅蘿蔔等多醣蔬菜，還有啤酒、日本酒等多醣酒類等，改為充分攝取蛋白質。然而，很多人對這種方法有所誤解。

人體會利用醣類合成名為肝糖的能量來源，並儲存於肝臟或肌肉之中。一個肝糖分子會與三到四倍的水結合，所以肌肉和肝臟才會富含水分，顯得水潤。然而，減少醣類攝取後，體內無法製造肝醣，於是儲藏於體內的水分減少，體重減輕。換言之，在短期間內減去的只有水分，而非脂肪。

而且，我們一天所需的總熱量約有一半來自碳水化合物。若是完全不攝取碳水化合物，又想獲取足夠的能量，就需要攝取大量的蛋白質。做肌力訓練需要攝取蛋白質，又能減輕體重，真是一舉兩得——千萬別這麼想。例如，飲食習慣偏重肉食的人，有可能面臨膽固醇值飆升的風險。實際上，據說就算只在最易於實踐減醣瘦

身法的晚上進行減醣，因為光吃肉造成膽固醇值上升的案例也不在少數。

更重要的是，運動的時候需要有足夠的能量來驅動身體。碳水化合物中含有的醣類，是可以最快轉換成能量的營養素。當體內只有儲存少量的醣類時，為了補充不足的部分，運動時身體會分解蛋白質，製造全新的糖。

是的，**我們正在辛苦鍛鍊的肌肉，會在訓練的同時逐漸被分解。**

減醣瘦身法也會對內臟造成多餘的負擔。利用蛋白質製造新糖的過程「糖質新生」主要在肝臟中進行。肝臟要負責將身體吸收進來的胺基酸合成為蛋白質，還要分解食物含有的蛋白質所產生的氨等等。此時再加上糖質新生，肝臟的負擔變得更重。

腎臟也是一樣。在身體燃燒蛋白質作為能量之後，會產生一種叫尿素氮的殘渣。一般來說，尿素氮會經由腎臟過濾並排出，但若是產生太多尿素氮，腎臟就算全速運轉也來不及處理。

平常可以稍微減少主食的攝取量，但更重要的是，要減少攝取令人難以抗拒的甜食、泡麵與油脂。

飲食篇 08

若是僅攝取蛋白質，而蔬菜攝取量不足，增肌的效率會變差

光攝取蛋白質是無法練出理想肌肉的。很多人可能會感到驚訝，但如果沒有攝取足夠的蔬菜或水果，不僅無法增肌，還會提高受傷的風險。

主要原因如下。

肌肉會朝兩種方向發育。第一是肌肉細胞增加的肌增生，第二是肌肉的最小單位肌纖維變粗的肌肥大現象。通常藉由肌力訓練的肌肉發育，是以後者為主流。肌纖維變粗後，與相鄰肌纖維或包覆肌肉的肌膜之間的接觸面積會變小。這道理就如同將牙籤綁在一起的時候，相鄰的牙籤幾乎都是緊緊貼合的狀態，但細綁圓木的時候到處都會產生空隙。

那會發生什麼事呢？這時候容易發生「肌肉分離」的現象。由於肌肉之間的接觸面積較少，造成肌纖維彼此分離，或是部分肌膜受損。

多攝取富含維他命C的蔬菜或水果，才能防止肌肉分離。

由於維他命C具有保水力，能增加肌肉黏性，讓肌肉不易剝離。此外，維他命C還能促進膠原蛋白的合成，而膠原蛋白是構成肌肉與骨骼連接處、肌腱、韌帶等

部位的成分。換言之，隨著肌肉變大，攝取蔬菜水果這件事就更顯重要。那麼，該攝取多少才夠呢？

要攝取與蛋白質相同的重量，可以的話攝取兩倍的份量會更好。如果吃一五〇克的牛排，就要吃一五〇到三〇〇克的蔬菜，這樣腹部周圍就會逐漸變緊實。

甜椒、青椒、甘籃菜、苦瓜等蔬菜，以及檸檬、奇異果等水果，皆含有豐富的維他命C。

另外，香菇、豌豆、青花菜等深色蔬菜含有豐富的維他命B群，對肌力訓練來說也不可或缺。維他命B群可促進能量的代謝，關係到肌肉的合成。

雖然可以透過保健食品來補充這些營養素，但養成積極攝取蔬菜水果的日常飲食習慣，也是一種**「成熟大人肌力訓練」**。

飲食篇 09

攝取大量蛋白質的同時，也要增加鈣質攝取，以強化骨骼

進行肌力訓練的時候，要攝取比平常更多的蛋白質，這是增肌的一大鐵則。然而，骨骼的強化往往容易被忽略。

眾所皆知，鈣質是構成骨骼的營養素，也是體內含量最豐富的礦物質。如果體內的鈣質為一〇〇%，其中有九九%都儲存於骨骼中，剩餘的一%會以離子的型態，保持一定的濃度存在於身體各部位。

這一%的鈣質扮演著非常重要的角色，它會根據細胞內外的濃度差異，在細胞之間傳遞訊息。鈣質的濃度變化也控制著肌肉的收縮。

為了維持這個重要的作用，身體具有以下的機制。**當鈣質不足造成體內濃度下降時，身體會溶解儲存於骨骼的鈣質，將之釋放到血液裡。**明明經由飲食所攝取的鈣質不足，血液中的鈣質濃度卻保持正常。在某種意義上，這產生了悖論。

藉由以上的機制，才得以應付傳遞細胞之間訊息的工作。另一方面，**從骨頭溶出的鈣質，並無法重新回到骨骼。於是骨骼密度會降低，**骨骼內部變得稀疏空洞。

做肌力訓練的時候，除了肌肉之外，骨骼也會承受物理性負荷，因此**若是骨骼密度**

降低，受傷的機率自然大為提高。

此外，隨著蛋白質攝取量的增加，各種食物所含有礦物質、磷等元素都會同時進入體內。鈣與磷的性質相當契合，它們會在腸道結合並被排泄至體外。但要是磷的含量過多，會造成大量的鈣質被排泄掉，導致鈣質不足，讓骨骼強度變得更低。

不僅如此，與透過食物攝取的鈣質相比，從骨頭溶解並釋放出來的鈣質較難被排出體外。因為它們是構成骨骼的材料，原本就存在於體內。

鈣質含量不足，造成血液裡的鈣質過多，會導致鈣質變硬沾黏在關節或肌腱，甚至可能傷害血管。

在各種營養素之中，鈣質是日本人最常攝取不足的礦物質之一。優格之類的乳製品、可整條食用的小魚、大豆、葉菜類、海藻類等食物皆含有豐富的鈣質，建議搭配蛋白質一起攝取。

飲食篇 10

僅在訓練後吃高蛋白粉是沒用的，請將高蛋白粉當作飲食的輔助

很多人都認為，開始進行肌力訓練後，還是要吃高蛋白粉才能提升健身的效率。但是，這只對了一半。

僅在訓練後吃高蛋白粉，並沒有太大意義。健身的重點是讓血中胺基酸隨時保持在一定的量，並確保胺基酸能作為肌肉的材料，快速輸送到適當的地方。要做到這一點，最重要課題在於如何透過一日三餐攝取充足的蛋白質。

運動的保健食品，分為補充必需營養素的膳食補充食品，以及能提升運動表現或運動效果的運動增補劑。前者的功能是日常營養補充，後者則是因健身需求而研發出來的產品。

如果要吃高蛋白粉，建議先選擇前者的膳食補充食品。如同前述，訓練時每一公斤體重需攝取一・六到一・七克的蛋白質。體重為七十公斤的人，一天需要攝取一一二到一一九克蛋白質。如果光靠飲食無法攝取充足的蛋白質，就可以透過高蛋白粉來補充。

原本想藉由吃二〇〇克的肉類，達成蛋白質目標攝取量。但是，消化吸收能力不如年輕時好，或是害怕熱量過高，就可

以改成攝取一〇〇克的肉類，搭配一盒納豆以及十五克高蛋白。以中年以上族群的肌力訓練營養補充來說，這算是最聰明的高蛋白粉運用方法。

飲食與保健食品的關係

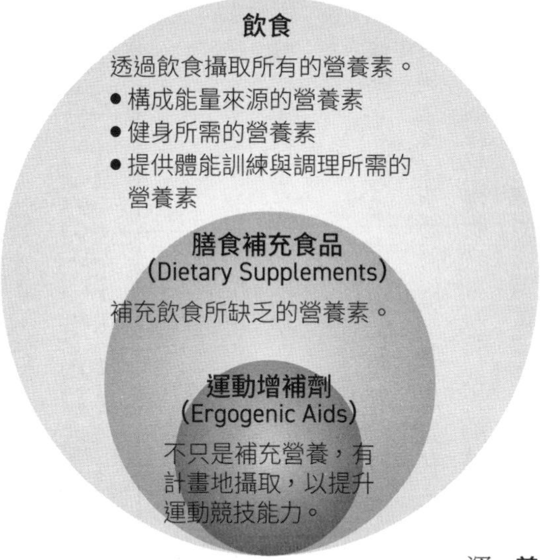
飲食
透過飲食攝取所有的營養素。
● 構成能量來源的營養素
● 健身所需的營養素
● 提供體能訓練與調理所需的營養素
膳食補充食品
(Dietary Supplements)
補充飲食所缺乏的營養素。
運動增補劑
(Ergogenic Aids)
不只是補充營養，有計畫地攝取，以提升運動競技能力。

此外，如果覺得在晚餐食用大量肉類太過負擔，不妨搭配牛奶攝取吸收速度比高蛋白粉更快的胺基酸。這也是一種方法。

首先，要透過一日三餐攝取充足的蛋白質，再利用高蛋白粉補充飲食不足的營養。具備以上的知識與意識，才能高明地運用高蛋白粉。

飲食篇 11

訓練後馬上補充高蛋白粉與醣類，能將高蛋白粉的作用發揮到最大

一日三餐需攝取足夠的蛋白質。滿足了這個條件之後，在運動後補充高蛋白粉才有意義。

剛運動完的時候，修復身體的荷爾蒙，也就是生長激素會旺盛分泌。在這個時機點，攝取作為增肌材料的高蛋白粉是非常重要的。**最理想的情況是在運動後的三十分鐘內補充高蛋白粉。**請將這時候補充的高蛋白粉當成運動增補劑，而非補充飲食不足營養的膳食補充食品。

另外，在這個時候補充高蛋白粉有一個重點，就是**要和醣類一同攝取，不要只單獨吃高蛋白。**

第一點是，運動過後，囤積於肌肉的醣類會被當作能量消耗掉，處於極端不足的狀態。能量是運動後修復身體的必需要素。在醣類減少、缺乏燃料情況下，肌肉會逐漸被分解，轉換成身體所需的能量。攝取醣類的理由之一正是為了防止此現象的發生。

另一點是，當醣類進入體內後，會促使體內分泌降低血糖值的胰島素。胰島素的任務是將醣類或胺基酸等必需營養素輸送到肌肉。既然要補充肌肉的材料，快速

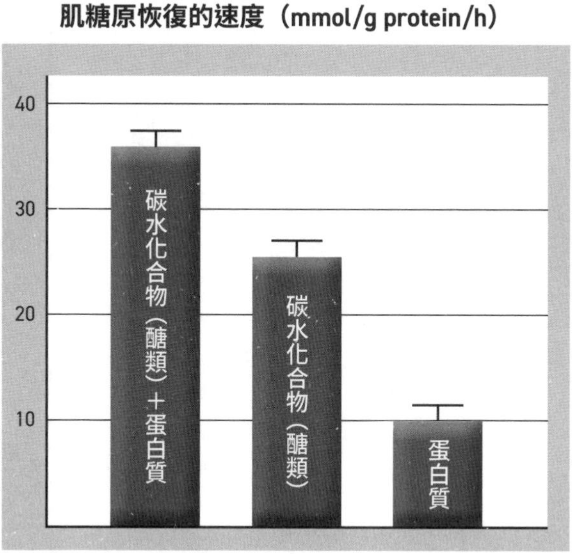

相較於僅攝取蛋白質或碳水化合物（醣類），同時攝取蛋白質與碳水化合物，肌肉恢復的速度較快。
資料來源：Zawadzki KM,.1992

送達會更有效。

運動後攝取蛋白質與醣類的方法，有著黃金比例。也就是蛋白質「一」，對上醣類「三」。實驗數據顯示，以一比三的比例補充，能將吸收效率提高到最大限度。

運動後的高蛋白粉攝取量基準，為體重六分之一的公克量。如果體重七十公斤，就要攝取十二克多的高蛋白粉，然後最好再補充三倍的醣類。以百分之百純柳橙汁為例，大概喝三百毫升就能達標。

市面上也有蛋白質與醣類配方比例為一比三的高蛋白粉產品，可以多加利用。

飲食篇 12

高蛋白粉分為乳清蛋白、酪蛋白、大豆蛋白，可依據目的分別運用

高蛋白大致可分為三大種類。第一種是將牛奶含有的乳清提煉製成的乳清蛋白；第二種是同樣以牛奶為原料，但是以特殊製法製成的酪蛋白；最後一種，是用大豆製作而成的大豆蛋白。其中，乳清蛋白的吸收率最快，也是最多肌力訓練者使用的主流產品。在乳清蛋白中，蛋白質含量最高的稱為分離乳清蛋白，含有蛋白質以外營養素的稱為濃縮乳清蛋白（混合乳清蛋白）。

大多數做肌力訓練健身的人，都喜歡喝分離乳清蛋白。然而，之前已經提過很多次，**在一日三餐中沒有攝取足夠蛋白質的狀況下，喝高吸收率的高蛋白粉，有可能會造成反效果。**

所有的營養素，尤其是蛋白質，在消化吸收的過程中都需要醣類、維他命或礦物質等輔酶提供能量。僅攝取蛋白質的話，就算吸收再怎麼好，也無法輸送至肌肉，最後變成多餘的物質。這些多餘物質會變成脂肪囤積於體內，**導致原本要用來增肌的高蛋白粉變成脂肪。**

一口氣攝取再多的高蛋白粉，只要無法有效利用而殘留下來，就沒有意義。

乳清蛋白的原料是乳清，而乳清主要來自浮在優格等乳製品上層的清澈液體。是利用效率較高的蛋白質種類。

酪蛋白的原料為牛奶，但製作方法與乳清蛋白不同。酪蛋白與乳清蛋白混合的蛋白粉可以持續性地被身體吸收。

大豆蛋白的主要原料為大豆。較有飽足感，推薦給想瘦身的人。

也有說法認為，能分階段進行消化吸收的高蛋白粉，才能被身體有效持續利用。最近市面上也出現了同時含有乳清蛋白與酪蛋白的高蛋白粉產品，乳清蛋白吸收速度快，身體會在吸收完乳清蛋白後，再慢慢吸收酪蛋白。

高蛋白粉的基本運用方法如下。

在意體重或膽固醇的人，可以選擇植物性大豆蛋白；其他人可以在剛運動完時飲用乳清蛋白，在運動後的隔天早上也飲用乳清蛋白。如果是分離乳清蛋白，必須與早餐一同攝取。

若要補充午餐的蛋白質，也可以多加利用酪蛋白。由於酪蛋白的消化吸收是持續性的，建議在當天傍晚過後要做訓練的日子攝取。

飲食篇 13

攝取富含 Omega-3 脂肪酸的魚油或植物油，打造年輕有活力的身體

攝取大量的肉類、牛奶與高蛋白粉，同時努力進行肌力訓練。年輕的時候，光是這樣做應該就能練出肌肉。然而，過了三十五歲就沒這麼容易了。

身體攝取的蛋白質超過一定的量，在某種意義上是一件高風險與高報酬的事。雖然能夠增肌，但攝取脂肪或膽固醇的風險也會提高。初學者在進行不習慣的運動時，體內會產生大量的活性氧，活性氧與脂肪結合後會變成過氧化脂肪，可能引發老化或動脈硬化等疾病。

因此，中年以上的族群在剛開始進行肌力訓練時，要注意油脂的攝取。首先要介紹脂肪的構成成分與脂肪酸的種類。**脂肪酸可分為多數動物性脂肪所含有的飽和脂肪酸，以及植物或魚類所含有的不飽和脂肪酸。**

飽和脂肪酸與動脈硬化或高脂血症息息相關，不飽和脂肪酸則具有預防這些症狀的效果。**Omega-3脂肪酸能預防體內的發炎反應或血管造成的各種症狀，以及保護肌肉周圍的神經不受傷害。**

透過日常飲食就能攝取到足夠的飽和脂肪酸與 Omega-6 脂肪酸。相較之下，

Omega-3脂肪酸則要有意識地去攝取才行。具體來說，紫蘇油與荏胡麻油所含有的α-亞麻酸、鮪魚與青背魚含有的DHA、EPA，這三種都屬於Omega-3脂肪酸。

這些脂肪酸的特徵，是在體內可有效產生作用，但暴露在空氣中非常容易氧化。因此，使用紫蘇油或荏胡麻油的時候，不要加熱，直接淋在沙拉或熱湯中食用。重點是少量購買，在它氧化之前趕快用完。食用青背魚類的時候，最理想的方式是生吃新鮮的魚。

推薦將鮪魚、鯛魚、沙丁魚等魚類，淋上紫蘇油或荏胡麻油，製成義式薄切生肉，同時攝取DHA、EPA、α-亞麻酸。順帶一提，青背魚的魚乾油脂已經氧化，不適合當作日常飲食。

脂肪酸有各式各樣的種類

分類			主要脂肪酸	含量豐富的食物
飽和脂肪酸			棕櫚酸、硬脂酸、肉豆蔻酸、月桂酸	棕櫚油、椰子油、豬油、牛油、奶油等
不飽和脂肪酸	單元不飽和脂肪		油酸	橄欖油、菜籽油（芥花油）、種子油、調和沙拉油
不飽和脂肪酸	多元不飽和脂肪酸	Omega-6脂肪酸	亞油酸	紅花油（紅花籽油）、葵花油、棉籽油、大豆油、玉米油、芝麻油、核桃等
不飽和脂肪酸	多元不飽和脂肪酸	Omega-6脂肪酸	γ-次亞麻油酸	月見草油等
不飽和脂肪酸	多元不飽和脂肪酸	Omega-6脂肪酸	花生四烯酸	肝臟類、蛋白、海螺、日本龍蝦、鮑魚等
不飽和脂肪酸	多元不飽和脂肪酸	Omega-3脂肪酸	α-亞麻酸	紫蘇油、荏胡麻油、亞麻仁油、紫蘇、荏胡麻油等
不飽和脂肪酸	多元不飽和脂肪酸	Omega-3脂肪酸	DHA（二十二碳六烯酸）	黑鮪魚油花部位、養殖真鯛、鰤魚、鯖魚、養殖青魽、鰻魚、秋刀魚、藍點馬鮫
不飽和脂肪酸	多元不飽和脂肪酸	Omega-3脂肪酸	EPA（花生五烯酸）	養殖青魽、斑點莎瑙魚、黑鮪魚油花部位、鯖魚、養殖真鯛、鰤魚、鰻魚、秋刀魚

飲食篇 14

訓練強度提高時，可以吃發酵食品或雞胸肉

持續做肌力訓練到一定程度後，就要轉換成把身體逼至極限的訓練方式。這時候要有意識地攝取以下幾種食物。

首先就是發酵食品，包括醃菜、泡菜、納豆、味噌等。

持續進行激烈運動，有時候免疫力會降低。眾所周知，很多人在跑完全馬後會得到感冒等傳染病。

腸道內含有大量的抗體，能防止細菌或病毒從外界入侵。而發酵食品所含有的植物性乳酸菌，具有強化腸道免疫系統的作用。

此外，如果在生活中經常攝取動物性蛋白質，腸道內的壞菌會增加，造成腸道環境惡化。而植物性乳酸菌能增加腸內益菌，降低腸道環境惡化的風險。

另一個就是雞胸肉。**近年我們得知，候鳥的翅膀根部含有大量的恢復疲勞物質。該物質名為「咪唑二肽」，是兩種胺基酸結合而成的物質。一般認為，候鳥之所以能長距離飛行，就是因為體內會合成咪唑二肽。鮪魚和鰹魚等洄游魚類也含有豐富的咪唑二肽。**

像咖啡因這類的提神成分，大多都

聰明運用幫助恢復疲勞的營養素

營養素	功能	含量豐富的食物
植物性乳酸菌	調整腸道環境、增強免疫力	納豆、醃菜、泡菜
硫辛酸	抗氧化作用	馬鈴薯、番茄、菠菜
檸檬酸	幫助產生能量	柑橘類水果、酸梅、醋
輔酶 Q10	幫助產生能量	沙丁魚、牛奶、青花菜
咪唑二肽	抗氧化作用、減輕疲勞作用	雞胸肉、鮪魚、鰹魚

是靠中樞神經的興奮作用來覆蓋疲勞感。雖然可以讓人暫時恢復精神，實際上身體還是處於過度疲勞的狀態。相較之下，**咪唑二肽具有強大的抗氧化作用，可防止體內產生的活性氧降低細胞的機能。也就是說，咪唑二肽能夠消除疲勞的根本原因。**

人類攝取咪唑二肽後，身體上的疲勞會減輕，在腦部也會產生作用，讓疲勞的自律神經恢復正常狀態，功效受到認可。

最近市面上也出現了含有咪唑二肽的保健食品，可以輕鬆補充，不過雞胸肉等食物也含有咪唑二肽。

訓練強度提高時，可以考慮攝取這些營養素或食品。

飲食篇 15

超商食品的單品組合非常理想，特別要攝取的是水果

在忙碌的生活中，有時候會利用超商食品解決三餐。但是，超商食品有可能成為健身的最佳夥伴，也有可能造成不健康與發胖。

煩惱不知道該選什麼的時候，可以選擇包含主食、主菜、配菜，營養均衡的便當，但要避免炸物偏多的類型。

建議參考左頁的列表，從主食、主菜、配菜、乳製品、水果中各選一種進行搭配。近年來，便利商店也開始販賣小番茄等生鮮蔬菜，不妨多加運用。

此外，與世界各國相比，日本人的水果攝取量偏少，務必多吃一點水果。蘋果、奇異果、鳳梨等水果含有蛋白質分解酵素，能減輕消化系統的負擔。而且水果也是維他命的重要來源。在便利商店可以輕鬆買到切片水果，務必多加運用。

不良的超商飲食範例，是泡麵搭配炸雞的組合。這些食品中含有過量的油脂，以及會導致骨質疏鬆的磷。

超商食品的組合範例

主食	碳水化合物	飯糰／壽司／三明治／麵類／包子／冬粉湯／關東煮（麻糬豆皮福袋、竹輪麩）
主菜	蛋白質	便當、丼飯（配料）／厚蛋燒／水煮蛋／溫泉蛋／豆腐／納豆／串燒／煎餃／燒賣／火腿／水煮雞肉／醬煮魚／魚罐頭／關東煮（竹輪、油豆腐、什錦豆腐丸、鱈魚漿片、牛筋、蛋）
配菜	維他命、礦物質、植物纖維	生菜沙拉／芝麻涼拌菠菜／涼拌青菜／燉羊栖菜／燉蔬菜／醋拌涼菜／海蘊／泡菜／醃菜／關東煮（白蘿蔔、昆布）／豬肉什錦味噌湯
乳製品	蛋白質、鈣	牛奶／優格／起司
水果	碳水化合物、維他命 C	水果／切片水果／100%純果汁／果乾

NG 食品組合

泡麵
＋
炸雞
＋
罐裝咖啡

OK 食品組合

便當
＋
生菜沙拉
＋
杯裝優格
＋
切片鳳梨

飲食篇
16

進行訓練的日子可以吃零食，以補充能量與蛋白質

下班回到家後再進行肌力訓練是最容易執行的。這也就代表，距離午餐已經過了很長一段時間。此時無論是運動所需的能量，還是血液中的胺基酸含量，應該都處於偏低的情況。

因此，進行訓練的日子要吃點零食，補充運動所需的能量與蛋白質。

例如，只要吃下一根香蕉，對訓練就很有幫助。香蕉含有可轉化為能量的醣類，以及代謝能量所需的維他命B群。此外，香蕉還含有豐富的礦物質、鈣質、鎂等營養素，能幫助肌肉收縮。利用香蕉補充能量和運動所需的維他命、礦物質，再搭配優格或牛奶補充蛋白質，就是完美的組合。

也很推薦攝取李子或芒果等水果製成的果乾。經過乾燥加工，水果裡的維他命C等營養素雖然會流失，但依舊含有作為能量來源的醣類、膳食纖維、鉀和鈣等礦物質。膳食纖維能調整腸道環境，促進膽固醇排出，各類礦物質則能輔助肌肉的運動。此外，有色水果含豐富的花青素與胡蘿蔔素等抗氧化成分，可防止運動產生的活性氧造成不良影響。

吃堅果也能輕鬆補充必需營養素。堅果含有豐富的良性植物性脂肪、蛋白質、膳食纖維、維他命B群、鉀、鈣、鎂等，其中推薦的是杏仁。請選擇烘烤杏仁，避免油炸或裹糖粉的杏仁。順帶一提，堅果是高熱量食品，不能過量攝取。以杏仁為例，一天最多只能吃二十五顆。

如果目的是要在運動前提升血糖值，吃一個飯糰或一個三明治也不錯。無論是哪一種，都要記得在訓練前補充能量與蛋白質。

飲食篇
17

進行肌力訓練的日子原則上禁止飲酒，休息日可適量小酌，但要挑選低脂高蛋白的下酒菜

訓練後小酌一杯，感覺是令人難以抗拒的誘惑，但對於身體來說並不是一件好事。

被胃和小腸吸收的酒精，會在肝臟被醇脫氫酶分解，轉換為名為乙醛的有害物質。最後，肝臟會再透過醇脫氫酶將乙醛轉換為對人體無害的醋酸。對一手包辦體內數百種化學反應的肝臟而言，這是相當辛苦的工作。

為了修復因運動刺激而受損的肌肉，身體會利用訓練完補充的高蛋白粉等物質，進行蛋白質的合成。而將零散狀態的氨基酸組合，製作成身體所需的蛋白質，也是肝臟的工作。

因此，在因訓練而筋疲力盡的日子飲酒，會給肝臟帶來雙重負擔。為了身體健康著想，建議「把運動日定為休肝日」。

那麼，在沒有訓練的日子就可以痛快暢飲了嗎？當然不行。請遵守以下的基本規則。

日本酒精健康醫學協會將純酒精的攝取量上限定為四十克，大約等於兩瓶瓶裝中瓶啤酒、兩合日本酒、一．二合燒酒、半瓶紅酒。日本厚生勞動省建議的「有節

制的適度飲酒」，酒精攝取量更是只有上述的一半。尤其是在進行訓練的健身期間，攝取的純酒精量建議不要超過四十克的上限。

而下酒菜的挑選準則，當然是低脂肪、高蛋白質。各位可以參考上面的ＯＫ食物與ＮＧ食物，適量地小酌。

飲食篇
18

時間不夠的時候，可以用調理包取代調味料

有時候比較晚下班，回家時已錯過晚餐時間。**這時候最方便的就是調理包、即食食品、罐頭等食品。平常在家存放這些保存效期長的食品，也是健身飲食的重點之一。**

與其吃含有大量油脂成分的甜麵包、零食餅乾，或內含許多炸物的便當，使用這些東西可以做出營養更均衡的料理，而且方便程度令人吃驚。

舉凡咖哩、番茄義大利麵醬，以及牛丼、石鍋拌飯、中華丼等調理包，都能用來取代調味料。

將這些調理包當作調味料，可以加入預先煮好或冷凍的蔬菜，增加蔬菜量；或是加入豆腐、油豆腐、雞蛋等食材，增加蛋白質量，輕鬆製作配菜。另外，再加入白飯或冷凍烏龍麵，也可以當作主食。

若還想增加更多蛋白質，可以多加運用鯖魚或鮪魚罐頭、水煮大豆罐頭、鮭魚薄片等食品。

將水煮鯖魚罐頭（或是水煮鮪魚罐頭）倒入耐熱容器中，放入微波爐加熱，再淋上橄欖油與醬油，就是一道美味的主菜了。將水煮大豆罐頭與番茄義大利麵醬一

依據目的靈活運用調理包、罐頭、冷凍食品

方便的調理醬包

肉醬、白醬、整顆番茄罐頭、調理包（親子丼、牛丼、中華丼、咖哩等）

可用來增加蛋白質

水煮大豆、毛豆、魚類罐頭（鮪魚、鮭魚、鯖魚等）、鮭魚薄片

可用來增加蔬菜

三色豆（冷凍）、綜合溫蔬菜（冷凍）、水煮青花菜（冷凍）

同熬煮，即可做出簡易的義式蔬菜湯。將鮭魚薄片放入市售的生菜沙拉中，也能增加蛋白質量。

如果選擇自己煮飯，最好使用無食品添加物的生鮮食材，從頭開始料理。然而，現代人生活忙碌，很難每天這樣煮，更不用說獨居的男性了。既然如此，就要在家裡事先準備一些常備食材，維持營養均衡。學會這些技巧是非常重要的。

飲食篇 19

肌力訓練期間一定要吃早餐，先學會幾道作法簡單的早餐吧

昨天訓練後幾乎筋疲力盡，隔天早上便以忙碌為由，沒吃早餐就出門了——這樣是不行的。在訓練過後，為了修復受到運動刺激的身體，會需要大量的能量。身體不會在一夜之間恢復，所以隔天早上會需要比平時更多的能量。

假如沒有補充作為能量來源的醣類，或是作為肌肉材料的蛋白質，肌肉就會被分解並轉換為能量。如此一來，訓練效果就會歸零，甚至出現反效果，失去肌力訓練的意義。

因此，**肌力訓練的隔天一定要吃早餐。**

沒有時間的時候，可以自製簡易的果汁，或使用平底鍋製作可以一次攝取到主食、主菜與蔬菜的吐司料理。時間充裕的人，可以挑戰製作三菜一湯的早餐。請將做早餐當作訓練的一環。

時間有限時可快速製作的營養滿分果汁

蔬果拿鐵

材料

蔬果汁120cc、
牛奶100cc

作法

把蔬果汁與牛奶混合即完成。

莓果、番茄、巴西莓綜合果汁

材料（1人份）

綜合莓果（冷凍）60g、小番茄4顆、巴西莓（冷凍）100g、100%純蘋果汁100cc

作法

將半解凍的巴西莓與其他材料放入手持攪拌棒調理機（果汁機），攪拌至滑順。

青花菜香蕉果汁

材料（1人份）

青花菜（也可使用冷凍的）40g、香蕉½根、優格50g、牛奶100cc、黃豆粉1小匙、蜂蜜適量

作法

將水煮過的青花菜與所有材料放入手持攪拌棒調理機（果汁機），攪拌至滑順。

重點

青花菜與香蕉是補充鈣與鎂的來源，由於很有飽足感，可以取代正餐。莓果、巴西莓、番茄含豐富的多酚與茄紅素，具有抗氧化作用。蔬果拿鐵可以補充蛋白質與能量。

塞滿配料的簡易歐姆蛋

歐姆蛋吐司

材料（1人份）

吐司（6片裝）1片、雞蛋1顆、鮪魚罐頭（非油漬）1/2罐、綜合豆1大匙、小番茄2顆、青花菜2小朵、起司粉1小匙、鹽、胡椒各少許、奶油10g

作法

1. 將吐司內部切出一個方形，留下1cm的邊。將青花菜切成小朵水煮，小番茄切成4等分。

2. 將雞蛋打入碗中，加入鮪魚、綜合豆、起司粉、小番茄、青花菜拌勻，再撒上鹽與胡椒。

3. 將奶油放入平底鍋待其融化，放入步驟**1**的吐司，倒入步驟**2**的材料。

4. 將拌炒後的材料鋪在吐司的內側部分，蛋液成形後翻面。把吐司煎到酥脆即完成。

重點

用一個平底鍋即可製作出主食＋主菜＋配菜組合的歐姆蛋。雞蛋、鮪魚、起司粉都是蛋白質來源。如果使用全麥吐司或胚芽吐司，還能補充維他命或礦物質。也可以使用橄欖油來取代奶油。

醬煮羊栖菜

材料（1人份）

乾燥羊栖菜6g、紅蘿蔔1cm、乾香菇（切片）1小撮、泡乾香菇的水150cc、水煮大豆1大匙、醬油1大匙、味醂1大匙、黍砂糖※½大匙

作法

1. 用大量的水浸泡羊栖菜20至30分，水洗2至3次後濾乾。用其他容器浸泡乾香菇。
2. 將羊栖菜放入鍋中乾炒，加入切成四分之一圓薄片的紅蘿蔔、水煮大豆、乾香菇一同拌炒。
3. 將浸泡乾香菇的水、黍砂糖、醬油、味醂加進步驟2的材料，煮至收汁。

※ 黍砂糖：類似台灣的二號砂糖。

涼拌芝麻菠菜

材料（1人份）

菠菜½把、白芝麻1大匙、小竹輪1根、黍砂糖1小匙、醬油1小匙

作法

1. 鍋中加水煮沸，加入少許鹽（額外份量）。將菠菜一根一根地從根部放入滾水中，快速燙一下就撈起來。
2. 待步驟**1**的菠菜冷卻後，切成3cm並瀝乾水分。將小竹輪切成圓片。
3. 將芝麻、黍砂糖、醬油放入碗中，加入步驟**2**的材料拌勻。

白飯160g

重點

攝取豆腐、雞蛋、火腿、竹輪，補充大量蛋白質，再搭配小魚乾、羊栖菜、芝麻等補充鈣質。也可以使用現成品加入水煮大豆製作醬煮羊栖菜，或是購買市售的涼拌芝麻菠菜，再加上竹輪。

味噌湯

材料（1人份）

乾香菇（切片）1小撮、水200cc、小魚乾6條、昆布5×5cm、長蔥3cm、豆腐30g、味噌2小匙

作法

1. 將去頭去內臟的小魚乾、乾香菇、昆布放入預設份量的水中，浸泡一晚。
2. 將步驟**1**的材料放入鍋中開火加熱。在熱水沸騰前取出昆布，並加入切成適合入口大小的長蔥與豆腐。
3. 把味噌溶到湯裡即完成。

火腿蛋

材料（1人份）

雞蛋1顆、火腿2片、油少許、萵苣與小番茄適量、鹽與胡椒酌量

作法

1. 熱油鍋，擺上火腿，把雞蛋打在上面煎。
2. 將火腿蛋煎到喜歡的程度後盛盤，擺上萵苣與小番茄，再依個人喜好撒上鹽巴與胡椒調味。

飲食篇 20

在外吃午餐要用心挑選。有好幾個選項的話，這樣選準沒錯

只要有體力與分配時間的能力，早餐、晚餐應該都有辦法自己煮。不過，午餐通常得靠外食解決。因此，平常就要多加磨練挑選食物的能力。

如果有好幾種選項的話，選擇哪一種對身體最好呢？哪一種食物能避免多餘的體脂肪囤積，打造出精壯的身材呢？外出吃午餐的時候，要隨時思考這些問題。

哪一種咖哩的蛋白質含量較高？哪一種丼飯的脂肪含量較低？這些都要好好考慮。換成義大利麵或定食也是一樣。

以為很健康的料理，搞不好其實一點也不健康，既有的認知有可能是錯誤的。各位可以參考左頁的料理對決，磨練選擇午餐的眼光。

最糟糕的就是「我也買這個好了」。選擇餐點時不要受周遭的人影響，也別忘了來一杯蔬果汁。

天婦羅蕎麥麵 VS 月見蕎麥麵

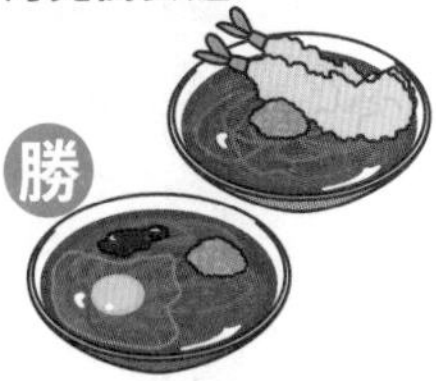

既然都是要挑選蛋白質來源，那就關注烹調方式。炒會比炸更好，蒸、煮、生食又比炒來得更好。

炸什錦蔬菜丼 VS 海鮮天丼

炸什錦蔬菜丼看似健康，其實含油率非常高。而海鮮天婦羅的料不會把油吸進內部，勝過炸什錦蔬菜丼。

歐式咖哩 VS 海鮮湯咖哩

清爽而低脂的海鮮湯咖哩，勝過含有大量油脂的歐式咖哩。配料記得選擇低脂的海鮮。

炸雞定食 VS 生薑燒肉定食

來到定食店，要先仔細觀察菜單，判斷烹調方式。同為肉類料理，炒或烤的會比油炸的更好。

奶油培根義大利麵 VS 番茄海鮮義大利麵

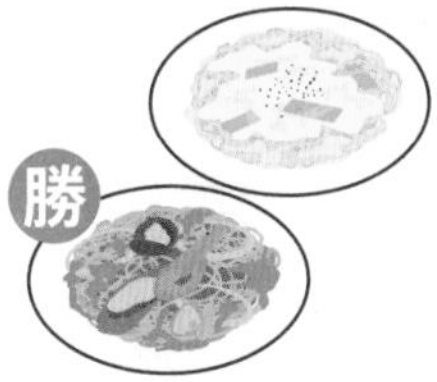

含大量鮮奶油的奶油培根義大利麵熱量太高。建議選擇番茄海鮮義大利麵，從番茄醬汁攝取蔬菜，從海鮮攝取蛋白質。

拉麵＋炒飯 VS 湯麵＋煎餃

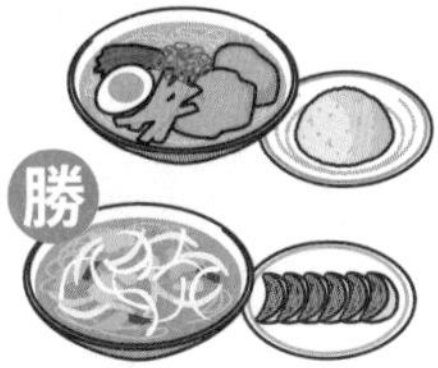

兩者都是中華料理的套餐。拉麵與炒飯的油脂與醣類過多，可攝取到蔬菜的湯麵與煎餃獲勝。

多蜜醬漢堡排 VS 蘿蔔泥漢堡排

漢堡排是家庭餐廳的經典料理。熱量多寡會因醬汁而異，選醬油會比選多蜜醬更好。

牛丼 VS 親子丼

雖然兩種肉類都有含蛋白質，但比起只有牛肉片的牛丼，有雞蛋加上雞肉的親子丼蛋白質含量更豐富。

飲食篇
21

用餐時間太晚時，就這樣做簡單晚餐。省時肌力訓練強化菜單

做完肌力訓練後，只要大口喝下高蛋白粉，就完成蛋白質的補充。接下來只要早早就寢就好了。

這當然是錯誤的觀念。沒有透過一日三餐攝取充足的蛋白質，光靠高蛋白粉是無法增肌的。這一點在高蛋白粉的單元中（一四〇頁）已經說明過了。

因為肌力訓練的刺激而受損的肌肉，在訓練完後馬上就會需要作為原料的蛋白質。還需要足夠的能量來合成蛋白質。為了啟動代謝，也必須攝取含微量營養素的蔬菜。

雖說如此，也不能攝取過量的熱量。**在較晚的時間進食也不會造成胃部負擔的關鍵，就在於攝取低脂易於消化的食物。如果是能快速製作的簡易料理，那就更好了。**訣竅是多加運用市售產品、冷凍食品、乾貨等省時又能補充營養的食材。

不需要特殊的材料或技巧。以下會介紹料理初學者也能快速完成的三道晚餐食譜。

雞肉蔬菜湯

材料（1人份）

雞胸肉50g、洋蔥$1/4$顆、高麗菜1片、紅蘿蔔1.5cm、綜合豆1大匙、高湯粉（顆粒）1小匙、水250cc、鹽與胡椒各少許

作法

1. 將雞肉、洋蔥、高麗菜、紅蘿蔔切成易於入口的大小。
2. 開火，將雞肉放入鍋中拌炒。再放入所有蔬菜、綜合豆、高湯粉以及水燉煮。
3. 待蔬菜煮熟，撒上鹽與胡椒調味即完成。

重點

若先製作大份量的雞肉蔬菜湯，放入冷藏或冷凍庫保存，之後可以變化出各種料理。一開始可以加入番茄；隔天可以加入牛奶或豆漿；最後還能加入咖哩或味噌，保證百吃不膩。也可以加入義大利麵、烏龍麵、白飯等主食。

炒烏龍麵

材料（1人份）

冷凍烏龍麵1球、高麗菜2片、紅蘿蔔1cm、青椒1個、油豆腐⅓個（50g）、小竹輪1條、柴魚片適量、麵味露（3倍濃縮）1大匙、蠔油1小匙、麻油數滴

作法

1. 高麗菜切成易於入口的大小，紅蘿蔔切成長條狀，青椒切絲。油豆腐、竹輪也切成易於入口的大小。
2. 將大量的水倒入較深的平底鍋，煮至沸騰，再依序加入紅蘿蔔、冷凍烏龍麵、油豆腐、竹輪水煮。
3. 冷凍烏龍麵熟了之後，蓋上鍋蓋，瀝乾水，加入高麗菜與青椒，炒至水分收乾，並淋上麻油、麵味露、蠔油調味。裝盤後撒上柴魚片。

重點

油豆腐為植物性蛋白質來源，竹輪則是動物性蛋白質來源，兩者都是低脂、高蛋白質的食材，很適合晚餐吃。只要將烏龍麵與所有配料放入鍋中水煮，最後加入醬料調味就好，不易失敗。由於食材不是生鮮肉類或魚類，而是加工食品，即使加熱時間較短也沒問題。而且脂肪含量低，是一道優秀的料理。

鋁箔紙蒸味噌鮭魚

材料（1人份）

鮭魚切片1片、高麗菜1片、洋蔥⅛顆、鴻喜菇20g、味噌½大匙、美乃滋½大匙、味醂½大匙、七味粉少許

作法

1. 高麗菜細切成一口大小，洋蔥切成薄片，鴻喜菇撥散。混合味噌、美乃滋、味醂，調製醬汁。
2. 撕下一大片的鋁箔紙，擺上步驟**1**的材料與鮭魚，包住材料，扭轉兩端加以固定。
3. 在平底鍋倒入高度1cm的水，放上步驟**2**的材料。蓋上鍋蓋，開大火，待冒出蒸氣後，轉為中火繼續蒸15分鐘。可依照喜好撒上七味粉。

納豆魩仔魚

材料（1人份）

納豆1包、魩仔魚乾1小匙、海苔與醬油各少許

作法

將所有材料拌勻。

白飯 160g

重點

以鋁箔紙蒸煮的方式，製作可同時攝取好消化的白肉魚與蔬菜的料理。用少量的油即可製作涼拌沙拉。在納豆中加入富含鈣質的魩仔魚乾以及含有鎂的海苔。運用一些小技巧即可攝取到均衡的營養。

涼拌沙拉

材料（1人份）

貝比生菜20g、葉萵苣15g、小番茄4顆、青花菜3朵、鹽昆布少許、起司粉1小匙、橘醋醬油1小匙、橄欖油½小匙

作法

1. 青花菜切成小朵水煮。小番茄對切，萵苣撕成易於入口的大小。
2. 將所材料放入保鮮袋，充分搖晃拌勻。

筑前湯

材料（1人份）

筑前煮（市售產品）½包、菠菜2把、生薑（薑泥）少許、雞高湯粉1小匙、水200cc

作法

1. 將菠菜燙過，切成3cm。
2. 將菠菜以外的材料放入鍋中加熱。最後放入**1**稍微煮一下即完成。

飲食篇
22

真的很想吃炸物的時候，就去炸物專賣店吃現炸的

之前已經提過很多次，在做肌力訓練健身的時候，基本上要避免高熱量的烹調方式。可以吃燒肉，但不能吃奶油螃蟹可樂餅。裹有麵衣的炸物非常吸油，再加上內餡是鮮奶油，熱量明顯過高。

雖說如此，偶爾也要發洩一下。如果是半個月吃一次炸物，當作給自己的犒賞，還算是勉強及格。

這時候要特別留意**炸物的油的品質**。**現成炸物因為已經做好放了一段時間，內含的油已經氧化**。攝取氧化的油，就等於是攝取過氧化脂質，而過氧化脂質會使血液變濃稠或傷害血管。

真的很想吃炸豬排的時候，**也不能吃百貨公司地下美食街的炸豬排，不管店家再怎麼有名。去吃在自己眼前現點現炸的豬排吧**。現炸的豬排一定比較好吃，也比較健康。

04

以科學的角度驗證身體的休養方式

調養篇

調養篇 01

睡眠可以幫助增肌，至少要睡滿七小時

肌肉並不是在進行肌力訓練時同步增加的。做完訓練後，特別是睡眠的期間，肌肉才會成長。在入睡一到三小時後，腦部會分泌大量的生長激素，進行全身細胞的修復或分裂。肌肉也是在這個時間點吸收蛋白質並肥大化。

也就是說，再怎麼努力訓練，只要沒有獲得高品質且充足的睡眠，就無法達成理想的健身目標。**為了讓肌力訓練的效果最大化，最重要的就是確保充足的睡眠。**

睡眠分為身體與腦部都獲得休息的深層睡眠——非快速動眼期，以及腦部處於清醒狀態的淺層睡眠——快速動眼期。在剛入睡的時候，通常會進入深層的非快速動眼期，這時候生長激素會大量分泌。之後會進入快速動眼睡眠期，再轉為非快速動眼睡眠期。

雖然每個人會稍有不同，但基本上非快速動眼期與快速動眼期是以九十分鐘為一組交替循環。

睡眠的最大目的是消除腦部的疲勞與重整記憶。如果只是要達成以上的目標，四組共六小時的睡眠就夠了。但是，這樣的睡眠時間是不足以消除身體的疲勞的。

理想的睡眠節奏

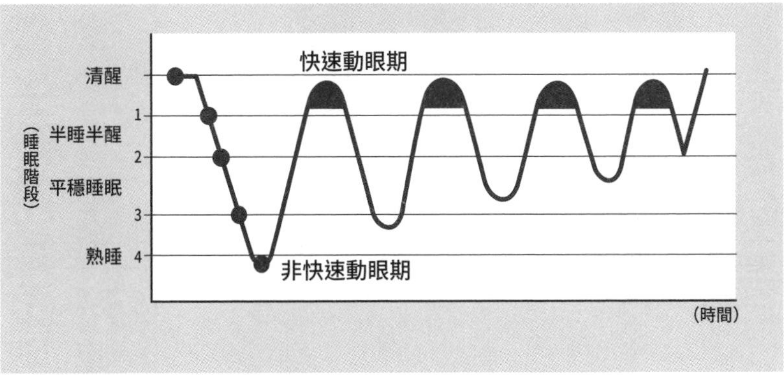

睡眠以深層的非快速動眼期與淺層的快速動眼期為一組，兩者反覆交替進行。為了消除大腦與身體的疲勞，需要五組非快速動眼期與快速動眼期。

如果沒有睡滿五組，也就是七個半小時，身體就無法完全恢復活力。

以現代上班族的生活型態來看，應該有不少人是在凌晨一點就寢，早上六點起床。但這樣可是會讓平日的訓練成效大打折扣的。

此外，要是清醒的時間很長，腦部會隨時偵測到體內血糖值降低，容易因感到肚子餓而不由自主地攝取甜食。

近年的研究指出，睡眠時間愈短的人，體內會分泌愈多促進食慾的荷爾蒙「飢餓素」，而抑制食慾的荷爾蒙「瘦蛋白」分泌量會減少。

若是睡眠不足，就會難以增肌，一不小心還會變成易胖體質。

調養篇
02

重置生理時鐘是提高肌力訓練的關鍵，起床後先沐浴清晨的光線吧

接下來要說的是睡眠的品質。即使能確保一定的睡眠時間，有時候也會長時間處於淺眠的狀態。

在剛入睡的非快速動眼期，是生長激素分泌量最多的階段，這時候身體會促進肌肉的修復與成長，因此，如果長時間處於淺眠的狀態，肌力訓練的效果就會大打折扣。

「生理時鐘」是確保高品質睡眠的關鍵字。

為了配合地球的自轉運動週期過生活，生物的體內都具有時鐘。人類會在白天展開各種活動，進行狩獵與採集，日落後回家休息，養精蓄銳。維持此固定的節奏，才能延續生命。

大多數時候，人類的生理時鐘會預設比二十四小時更長的時間，因此每天都得進行微調。**而調整生理時鐘最有效的刺激，就是早晨的陽光。**

起床後，視網膜感受到光線的刺激，生理時鐘的中樞——視交叉上核就會接收到訊息。接著，預設時間較長的生理時鐘就會被重置。目前得知，如果人在漆黑一片的地方生活，生理時鐘就會逐漸往後推遲。

此外，早上的光線也和促進睡眠的荷爾蒙——褪黑激素息息相關。在視交叉上核的生理時鐘被重置後，大約過十五個小時，腦部的松果體就會分泌褪黑激素。早上七點起床沐浴在陽光下，到了晚上九點，褪黑激素的分泌量就會增加，開始感到昏昏欲睡。此時先去洗個澡放鬆身心，然後在褪黑激素分泌到達巔峰的晚上十一點上床睡覺。這就是理想的睡眠節奏。

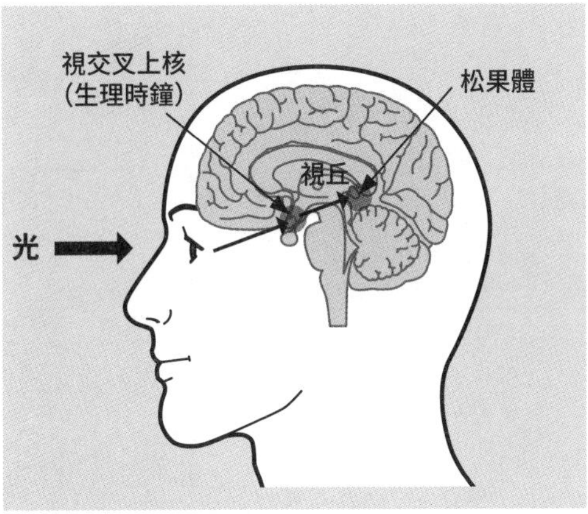

從眼睛進入的光線情報，會傳達到位於腦視丘下方的生理時鐘中樞——視交叉上核。大約在十五小時後，松果體會啟動分泌褪黑激素的程序。

若養成了正常的生理時鐘節奏，就寢後就能進入深層睡眠，修復大腦與身體，肌肉也會獲得成長。

早上起床後，記得先拉開窗簾，好好沐浴在陽光下。即便是雨天或陰天，也有同樣的效果。如此一來，生理時鐘的重置程序便完成了。

調養篇
03

洗澡不要只是淋浴，好好泡澡才能消除肌肉的疲勞

洗澡也是能有意識地進行的有效調養方式之一。但是，洗澡並不等於淋浴。洗澡的日文漢字「入浴」從字面意義上來看，就是進入浴缸的意思。

將身體泡在熱水中，有以下三種功效。第一是水壓。當身體承受水壓時，肌肉內外的血管會受到壓迫，促進血液循環。

第二為浮力。當物體進入水中，水會產生與物體推擠等同重量的浮力，並朝重心的反方向施力。體重六十公斤的人泡澡泡到鎖骨位置，會有約九成的浮力產生作用，腳底所承受的體重會減至六公斤左右。

從調養的層面來看，浮力的功效最大。由於身體在陸地上承受重力，肌肉隨時處於承受負荷的狀態。就算坐在辦公桌前工作，幾乎沒有活動身體，頸部、肩膀、腰部依然會出力。在進行訓練的時候，當然會有更多身體部位承受負荷。**當水中的浮力產生作用，身體從重力中獲得釋放，肌肉就會停止收縮，並開始鬆弛，最終進入完全放鬆身心的狀態。**

最後的功效為水溫。水的熱傳導率大約為空氣中的二十倍，在水裡的時候，寒冷或溫暖的感覺都會更明顯。進入冰冷的

游泳池後，身體為了產生熱能，會增加一○%的能量消耗。而熱能的主要來源就是肌肉。反之，如果身體泡進比體溫高的熱水中，肌肉就不用製造那麼多的熱能，有助於肌肉的修復。

入浴的物理性效果

溫熱效果	擴張血管，提升新陳代謝。
水壓效果	身體表面承受水壓，獲得天然的按摩效果。
浮力效果	體重變成陸地的十分之一左右，肌肉能放鬆下來。

去泡溫泉療養一週，身體的疲勞或疼痛之所以能消除，也是因為水的上述功效。**因此，就算只是進行訓練的當晚也好，請養成泡澡的習慣，不要只是淋浴。**

如果要泡超過十分鐘，熱水的溫度以三十八至三十九度最為合適，但最重要的還是自己是否感到舒適。喜歡水溫熱一點的人，可以調到四十一度；喜歡溫一點的人，調到三十七度也沒關係。為了避免水壓對心臟造成負擔，也可以採半身浴與全身浴交替的方式。

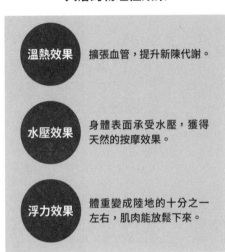

調養篇 04

在肌力訓練後伸展使用過的肌肉，是鍛鍊出強健肌肉的訣竅

回到家奮力地進行肌力訓練，完成訓練項目後，就直接攤在沙發上。這樣實在是有點可惜。

剛做完肌力訓練時，肌肉周圍會囤積因運動刺激所產生的代謝廢物，如果放任不管，會造成疲勞累積，有可能導致下次訓練的表現變差。

此外，肌肉在訓練中承受了平常不會承受的負荷後，會因為交感神經活化，而陷入興奮與分解的模式。此時刻意讓副交感神經處於優位，使興奮狀態平復下來，肌肉才會切換到合成模式。

能消除肌肉疲勞的根本原因並放鬆肌肉的最佳方法，就是進行伸展。

伸展操可大致分為靜態伸展與動態伸展。前者的做法是拉伸目標肌肉並保持不動一段時間，也是最常見的伸展方式。後者是一邊有節奏地活動身體，一邊放鬆肌肉的伸展方式。足球選手在賽前所做的巴西體操，就屬於動態伸展。

推薦採用前者的靜態伸展，來放鬆肌力訓練後的肌肉。**目的是藉由有意識地伸展因肌力訓練而收縮的肌肉，使肌肉反射性地放鬆、促進血液循環，以及排出代謝**

廢物。

做完本書所介紹的十四個部位的肌力訓練後，請接著進行下一頁起介紹的八個伸展動作，以保養所有使用過的肌肉。

最重要的是，在不會痛的範圍內伸展。如果感到疼痛，就代表伸展過度。這時候肌肉會反射性地收縮，造成反效果。保持在「有點痛但舒服」的程度就好。

伸展操的重點

以正確的姿勢進行
在不會痛的範圍內進行
不要利用反作用力
不可憋氣，放鬆身體進行
維持伸展姿勢 10 秒，反覆做 3 組

此外，要是憋氣的話，肌肉會出力，因此伸展時要注意維持和緩的呼吸。

還要留意伸展的時間。一般來說，伸展時間通常為三十秒，但若是想著要維持伸展姿勢三十秒，用來做出該姿勢的肌肉就會疲勞。建議在維持伸展姿勢十秒後穿插休息，反覆進行三次。

肌力訓練後的八個伸展動作

擊劍式伸展（Fencing）

小腿三頭肌　左右各10秒 ×3組

1. 雙手放在腰部筆直站立，單腳大步向前跨，雙腳腳尖朝向正面。
2. 彎曲前腳膝蓋，將重心放在前腳，後腳腳跟保持貼地，伸展後腳的小腿肚。換腳做相同的動作。

跨欄式伸展（Hurdler Stretch）

股四頭肌　左右各10秒 ×3組

1. 伸直雙腳坐在地板上，彎曲單腳膝蓋，腳後跟放在同側臀部旁邊。另一側的手在身體後方支撐。
2. 後側的手肘放在地面上，上半身往斜後方傾斜，維持此姿勢。伸展彎曲那一側的大腿。換腳做相同的動作。

坐姿體前彎（Sit and Reach）

臀大肌、腿後肌　10秒 ×3組

1. 伸直雙腳坐在地板上，膝蓋微彎。挺直背脊，雙手放在膝蓋旁邊。
2. 雙手從膝蓋開始往下滑動，抓住腳底。如果感覺大腿內側疼痛，碰觸到腳踝或小腿就好。

扭腰伸展（Pretzel）

腹斜肌群　左右各10秒 ×3組

1. 坐在地上立起兩膝並併攏。伸直單邊手臂，放在另一側膝蓋的外側，另一隻手則放在身體後方撐地，背部稍微拱起。
2. 上半身盡可能往後方扭轉，保持此姿勢。背部保持稍微拱起。換邊做相同的動作。

抬臂伸展（Arm Lift）

三角肌　左右各10秒 ×3組

1. 坐在地板（椅子）上，用一隻手抓住另一隻手的手肘，被抓住的那邊手掌朝上。
2. 打開手肘，像是抬起上臂般伸展肩膀。抬起手臂的動作能充分伸展三角肌。換邊做相同的動作。

手放後頸伸展（Hand Behind Neck）

背闊肌、肱三頭肌　左右各10秒 ×3組

1. 坐在地板（椅子）上，單手手指放在同側肩膀的根部。
2. 向上抬起手臂，用另一隻手握住手肘並往後拉。視線朝下。上半身保持筆直，不要傾斜。伸展上臂內側與背部肌肉。換邊做相同的動作。

軀幹旋轉伸展（Torso Twist）

胸大肌　左右各10秒 ×3組

1. 採四足跪姿，張開雙手至肩寬的一倍寬，指尖朝外。
2. 彎曲單手手肘，將上半身往彎曲手的方向扭轉，另一側肩膀盡可能貼近地面。伸展胸部與肩膀前側的肌肉。換邊做相同的動作。

1

2

眼鏡蛇式伸展（Cobra Stretch）

腹直肌　10秒 ×3組

1

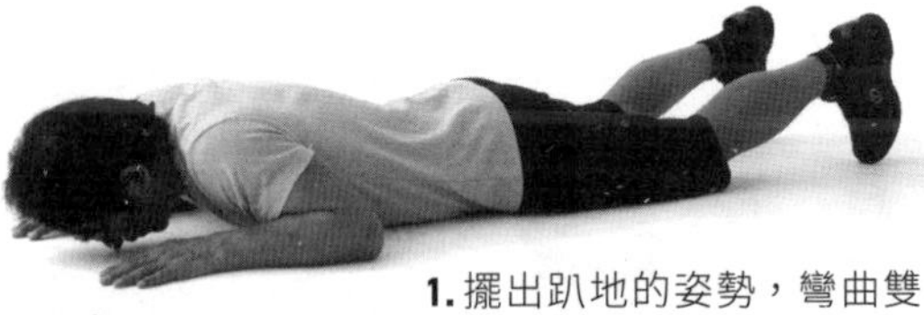

2

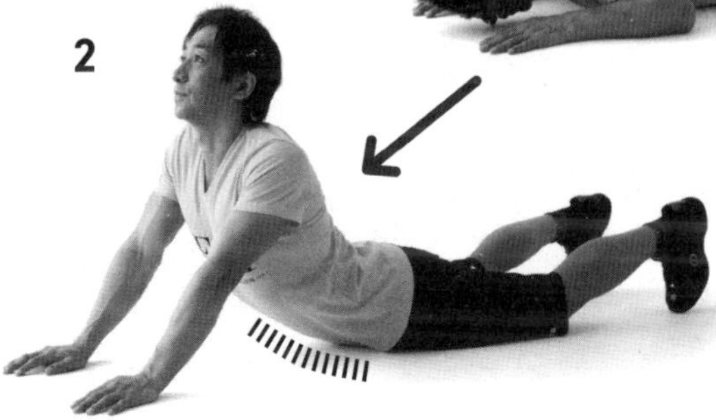

1. 擺出趴地的姿勢，彎曲雙肘，雙手平放在臉部旁邊的地面，指尖朝向正面。
2. 伸展雙肘，上半身後仰並維持姿勢。上半身彎曲角度過大會造成腰部的負擔，貼地的手掌一定要保持在臉部旁邊的位置。

感覺肌肉或關節疼痛的時候，要重新檢視肌力訓練的頻率、負荷與姿勢

本書所介紹的訓練項目，都能自由選擇適合的負荷。做了一次動作後，若感覺肌肉有些不適，有可能是訓練負荷過大，超過體力所能承受的程度。

相信大家都已經知道，肌力訓練的負荷過大或過小，都無法獲得有效的結果。在負荷過小的情況下，只是難以形成肌肥大，所以倒還好。然而，負荷過大可能會讓身體累積疲勞，增加受傷的風險。

身體的疲勞分為以下兩種。第一種是名為「過度訓練（Over-training）」的全身性疲勞。特徵是會出現無法消除疲勞、肌肉減少、體重下降、失去食慾、睡眠品質不佳等症狀，這種疲勞常見於路跑或自行車運動等持久性的有氧運動。頻繁參加馬拉松賽事的市民跑者，就經常出現過度訓練的情況。

另一種則是過度使用特定部位，名為「過度使用（Overuse）」的局部疲勞，特徵是關節疼痛，或是肌肉持續緊繃等症狀。肌力訓練所引發的身體不適大多來自於後者。

要是陷入過度訓練的情況，得花好一段時間才能恢復，但若能在過度使用尚屬

輕微的階段及早處理，就有望快速恢復。過度使用是一種關節或肌肉發炎的狀態，若長期持續下去，可能會演變為受傷，建議及早處理。

想要改善，首先就是**減少訓練的頻率**。基本的訓練頻率為每週兩到三次，可以先改成每週一次，觀察後續恢復狀況。即使每週僅訓練一次，依舊能維持體態，應該也不會殘留疲勞。

除了減少訓練頻率，**還有降低負荷這個方式**。這次介紹的訓練項目中，關節可動區域大或小都可以自由選擇。感覺肌肉或關節有異樣的時候，要避開會讓關節產生疼痛或異樣感的角度，縮小身體活動的範圍，再試著做動作。

此外，也必須重新檢視訓練的姿勢。例如，做伏地挺身的時候，正確姿勢是要張開手指，並以四十五度角朝向外側。這麼做是為了避免對手腕或手肘關節造成額外的負擔。如果感到關節有異樣，也有可能是忽略了姿勢的細節，請再次確認姿勢的細節是否正確。

為了快速收到成效而過度努力訓練的例子時有所聞。但是，勉強自己做超出能力的訓練而導致受傷，可就得不償失了。在做肌力訓練時，千萬不可忽視身體出現的任何一絲異狀。

調養篇

06

沒有進行訓練的日子，與其在家耍廢，不如透過輕度散步來調整身體狀態

假設我們以每週兩次的頻率在平日進行肌力訓練，那麼剩下的五個休息日該如何度過呢？以調整身體狀態的層面來看，這是非常關鍵的一點。

每天過著忙碌的生活，還要進行肌力訓練，能理解大家想要在沒有訓練的日子讓身體好好休息的心情。但是，這有時候會造成反效果。

每到週末，總是懶洋洋地躺在床上，接近中午才起床。乍看之下似乎是在讓身體休息，但身體反而變得更加疲倦，各位是否有過類似的經驗呢？

利用假日出門散步、打掃家裡、進行DIY或出門購物，身體就變得不疲倦了，大家應該都有過這個經驗吧。

假日不要一動也不動，刻意去做一些伸展、散步等輕量運動，或是透過家事或嗜好活動身體。**這就是所謂的「主動式休息」**。

這是在運動界眾所周知的經驗法則。**其目的是藉由活動身體促進血液循環，讓囤積於肌肉的代謝廢物排到血液中。與懶散散地耍廢相比，適度活動身體反而能更快消除疲勞。**

這也是運動員經常運用的方式。據說跑者在跑完全馬的隔天並不會徹底休息，而是用輕量慢跑的方式，放鬆疲勞的肌肉。

主動式休息對一般人來說也很有效，特別是平常坐在辦公桌前進行文書工作的上班族。如果是從事農業或林業等第一級產業的人，休假時要讓身體獲得完全的休息，因為動態性疲勞要靠靜態性休息才能有效消除。

另一方面，因進行文書工作，不斷用腦而產生的疲勞，屬於靜態性疲勞。這種疲勞光靠靜態性休養無法消除，採取活動關節、讓肌肉適度伸縮的動態性休養，也就是主動式休息，才能有效消除疲勞。

週末是最需要運用採取主動式休息的時間。要是六日過著整天在家耍廢，熬夜到很晚，隔天中午過後才起床的生活，會馬上把生理時鐘的節奏打亂。這就是星期一早上都會感覺特別疲累的原因。

要把亂掉的生理時鐘調整回來，至少得花上兩、三天，所以前半週都得為此花費無謂的勞力。

沒有進行訓練的日子，特別是週末，可以在早上或白天進行輕量的運動。這就是避免累積疲勞的祕訣。

調養篇
07

做了兩個月的肌力訓練依舊沒有效果，就要重新檢視運動方式、飲食與休息

據說開始做肌力訓練後，要過大約兩個月才會出現明顯的效果。首先是中樞神經與肌肉的傳導等神經系統開始適應，接著是肌纖維開始一條一條變粗。要能從外觀看出緊實的體態或壯碩的肌肉，需要投入相當的時間，並循序漸進地進行。

反過來說，如果開始肌力訓練過了兩個月，依舊沒有任何效果，背後肯定有原因。**運動、飲食、休息，是增肌的三大要素。一定是其中的一環，或不只一環出現了問題。**

如果是運動，有可能是訓練項目、負荷過量或不足。比如訓練的適當頻率是每週兩到三次，每週卻只進行一次訓練，或是每天訓練造成身體過度使用。也有可能是訓練時動作的速度過快，或是用錯誤的姿勢進行訓練。

來看看飲食的部分吧。說不定是一天攝取的蛋白質量不足，導致無法補充肌肉合成所需的維他命。

而提到休息，最重要的條件就是睡眠。原因有可能出在沒有獲得充足的高品質睡眠。

請各位再檢查一次，這三大要素中是

否有未達成條件的項目。正確的肌力訓練是不會背叛人的。很常聽到有人說：「我天生就是難以增肌的體質。」但遺傳所佔的影響頂多只有三分之一的程度。

有減重經驗的人應該都知道「停滯期」這個概念。這指的是一開始體重順利下降，到了某個時間數值卻突然停滯不前的時期。此時，身體正處於想辦法適應體內能量增減的重要關頭。如果就此放棄，就會面臨復胖的危機。

另一方面，肌力訓練又是怎麼樣呢？在最初的一個月，肌肉雖然沒有變化，但神經因運動刺激而開始適應後，會出現原本只能做五下的動作，變得能做到十下的現象。然而，到了第二個月，這種感覺就消失了。

但這並不代表成長停滯。肌肉內部的每一個細胞，確實都逐漸變得比以前更加強韌。看起來像是停滯期，但它並不是。這就是瘦身與肌力訓練完全不同的地方。

三十歲過後的成年人，如果沒做任何訓練，每年肌力會退化〇・七%。而四十歲的人，想讓身體回到二十歲左右的狀態，大約要花兩年的時間鍛鍊。聽起來是個長到誇張的時間，**但如果想成持續鍛鍊一年就能年輕十歲，就會覺得時間不算長了吧。**

調養篇 08

為了維持動力，一開始不要過度努力，並將訓練成果「可視化」

無法維持訓練的動力，是健身失敗的最大原因之一。最常見的類型，就是在剛開始訓練時充滿幹勁與熱情，並且想把每個環節做到盡善盡美的人。

急著看到成果，在訓練的時候施加過度的負荷，把身體逼到極限。於是，某一天就對運動產生厭惡感，這種現象稱為「心理飽和」。

不喜歡做吃力或痛苦的事情是人的天性，這是理所當然的道理。例如，做完十下勉強做到十下就是極限的運動，以及在還有餘力能多做兩下的情況下做完十下，兩者之間有著天壤之別。前者應該會對運動產生排斥感，後者則會覺得運動比想像中輕鬆吧。

因此，**與其一開始就挑戰高難度，以感覺有點輕鬆的程度進行訓練，較能維持動力，將訓練變成生活習慣的機率也會提高。**

此外，獲得他人的稱讚是維持動力的最大誘因。對健美選手來說，秀出健壯的身體，被大家稱讚「好厲害」，就是最大的獎勵。相同的道理，被旁人稱讚「整個人的感覺變得不一樣了」、「看起來變年輕

了」等等，動力就會一下子提高許多。獲得旁人認同是非常重要的事情。

不過，要讓旁人看出自己的體態有明顯的變化，大約需要兩個月的時間。在那之前，要自己認同自己的變化，別忘了稱讚自己。

感覺襯衫的領口變鬆了、皮帶孔可以再往裡面一格、爬樓梯更加輕鬆了，無論是多小的事都沒關係。即使沒有任何人發現，也要敏銳地去感受自己的身體變化。因為付出了努力，身體才會逐漸產生改變，逐一確認這些變化，就能提升訓練的動力。

為了敏銳察覺自身的變化，可以有意識地採取某些行動。**其中之一就是將訓練成果「可視化」**。例如定期測量手臂、胸圍、腰圍等尺寸，以肉眼可見的形式記錄下來，這是一個非常典型的方法。製作圖表或用手機自拍，觀察每日的數據或照片，就能維持動力。

把未來目標與現在的自己進行比較，也是可視化的方法之一。例如把自己最好看的時期的照片貼在醒目的地方，旁邊再貼上現在自己雙下巴的照片，這個方法雖然有點偏激，但應該能確實提升動力。

調養篇
09

自己的肌肉自己療癒，洗完澡後利用自我按摩讓肌肉休息

除了伸展之外，再透過按摩保養經過肌力訓練的十四個部位，消除疲勞的效果更佳。

其目的是藉由物理性刺激讓肌肉鬆弛，還有促進血液循環，讓囤積於肌肉的代謝產物排出。

體內的老廢物質從靜脈被輸送至心臟後，會被代謝或排出體外，煥然一新的動脈血液會將必需的氧氣和營養輸送到各個組織。因此基本上要由末梢往心臟、由下往上按摩，這就是按摩的重點。

按摩的手法有很多種，以下會使用到揉捏法（一邊施壓一邊揉捏）與壓迫法（定點按壓）的技巧。自行按摩的時候，大多都是運用這兩種手法。用手掌或手指按壓時，要按到讓肌肉鬆弛。

為了不讓日後的訓練表現退步，最好要在運動後進行伸展，並在洗完澡後進行按摩。別忘了使用能讓手指更好滑動的按摩油或按摩粉。

自我按摩的時候，手臂和腿部是比較容易進行的部位。如果要按摩疲勞的腰部等處，利用拳頭或高爾夫球等物品會比較有效率。

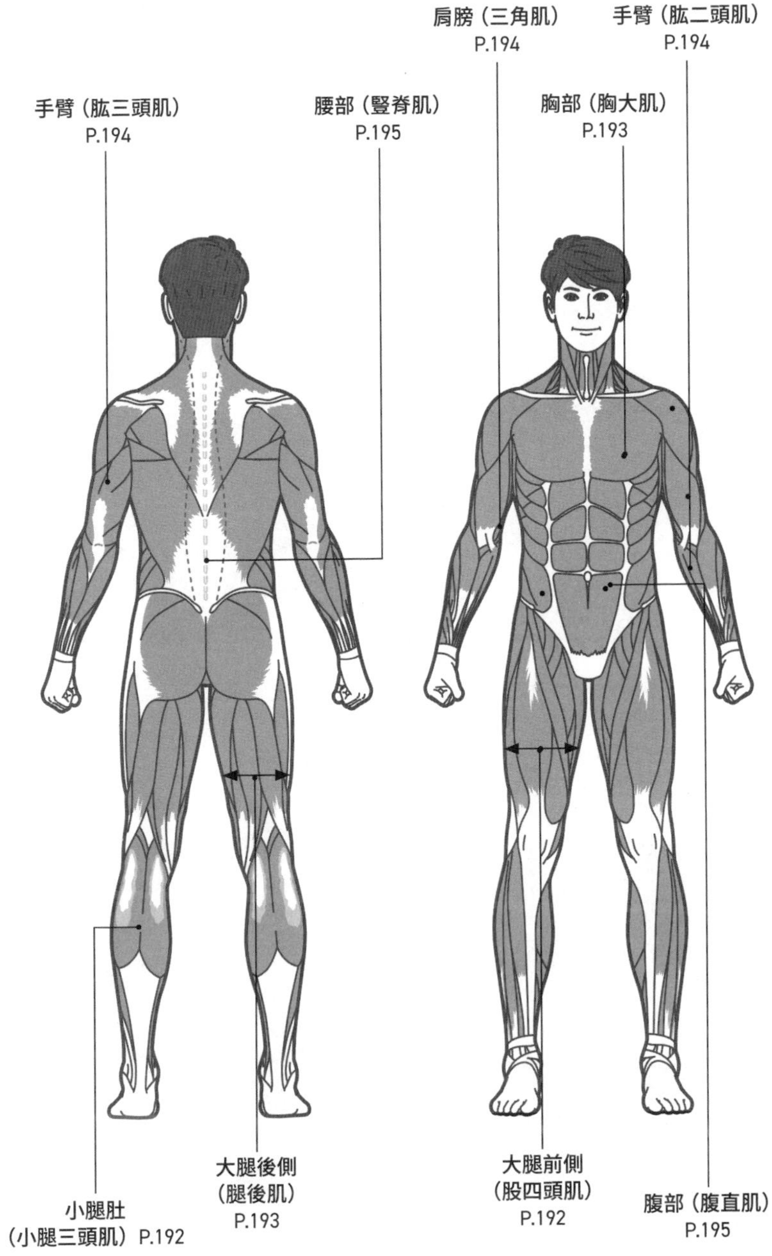
肩膀（三角肌）
P.194
手臂（肱二頭肌）
P.194
手臂（肱三頭肌）
P.194
腰部（豎脊肌）
P.195
胸部（胸大肌）
P.193
大腿後側
（腿後肌）
P.193
大腿前側
（股四頭肌）
P.192
小腿肚
（小腿三頭肌）P.192
腹部（腹直肌）
P.195

推薦按摩的八個部位

小腿肚

小腿三頭肌　左右各1到2分鐘

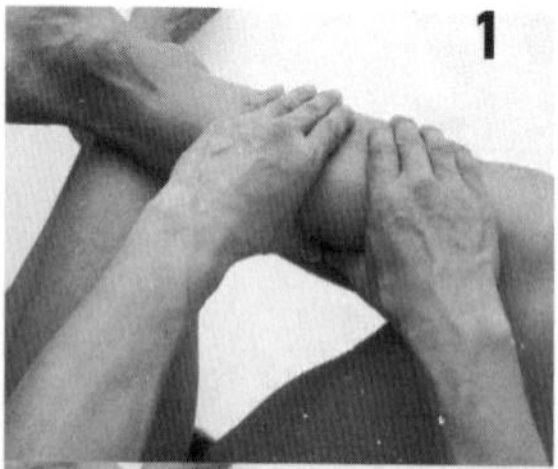

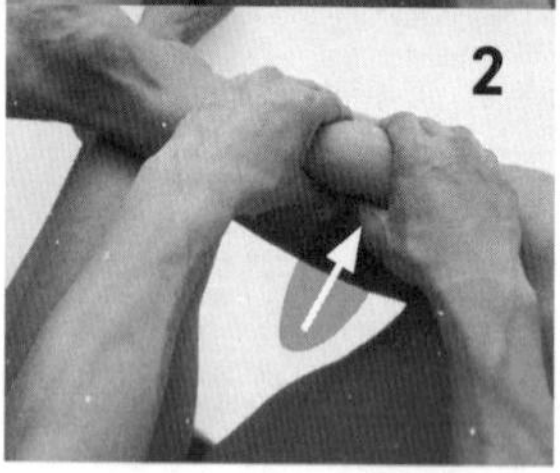

1. 坐在椅子上，將單腳放在另一隻腳的膝蓋上，雙手抓住小腿肚下方。
2. 以垂直於肌肉走向的方向按摩，依照1秒2下的節奏，重複揉捏5到10下，並慢慢往上方移動。換腳做同樣的動作。

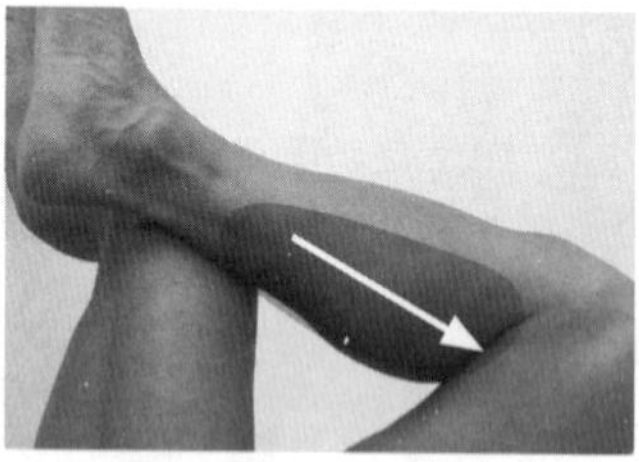

大腿前側

股四頭肌　左右各1到2分鐘

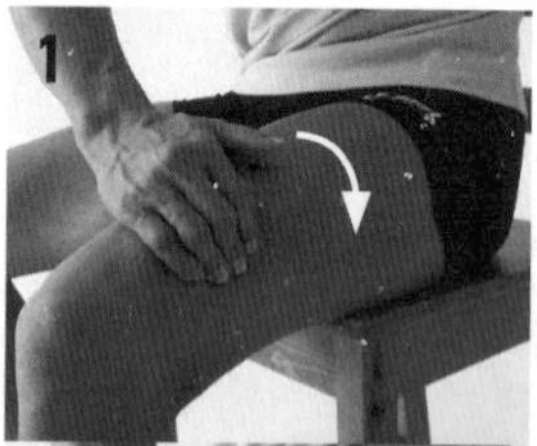

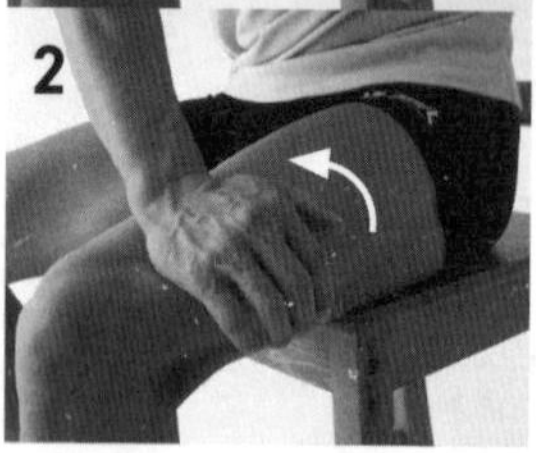

※照片中，為了方便讀者理解而以單手示範，實際上要比照右上角的照片以雙手進行。

1. 坐在椅子上，雙手抓住單邊大腿前側肌肉。
2. 用手掌根部以推拉的感覺按摩大腿肌肉，揉捏5到10下，並慢慢往上方移動。換腳做同樣動作。

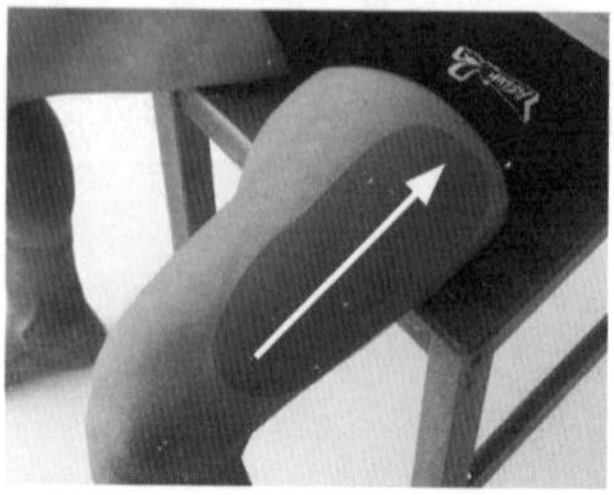

大腿後側

腿後肌　左右各1到2分鐘

1

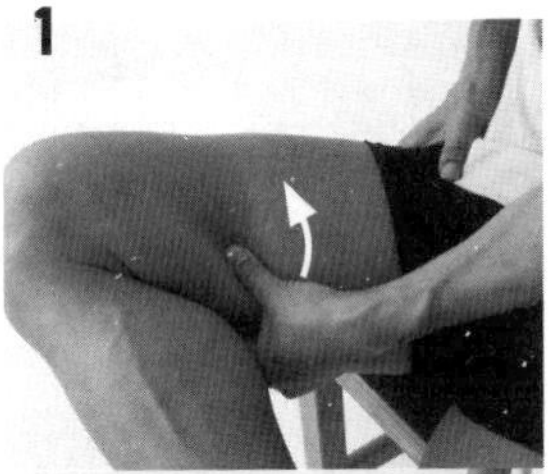

以單手按摩大腿後側。

1. 單手抓著大腿後側的肌肉。大拇指在上，其他手指在下。
2. 緊抓肌肉上抬再下推，重複5到10下，並慢慢往上方移動。換腳做同樣的動作。

2

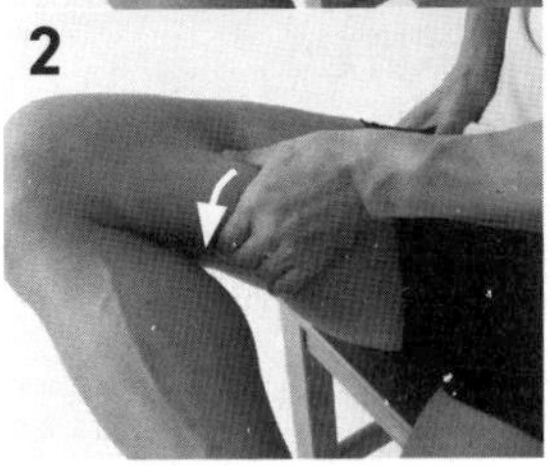

胸部

胸大肌　左右各1到2分鐘

1. 以食指、中指、無名指抵住胸肌。
2. 以轉動的方式刺激5到10下。從手臂與肩膀的連接處往胸部中心移動。按摩順序為上側、中央、下側。換邊做同樣的動作。

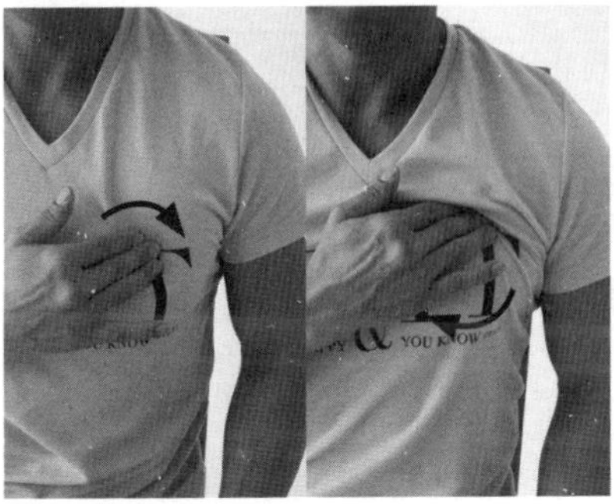

肩膀

三角肌　左右各1到2分鐘

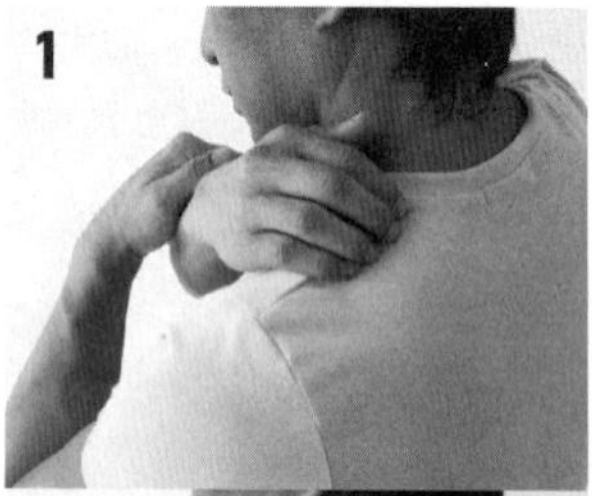

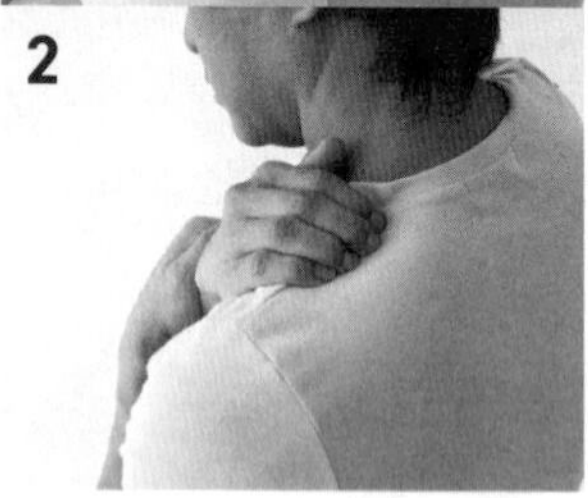

1. 用大拇指以外的指頭抵住肩膀，再用另一隻手抓住手腕。
2. 將手腕往下拉，用手指按壓5秒後鬆開，做3到5下。從手臂與肩膀的連接處往頸部移動。按摩順序為上側、中央、下側。換邊做同樣的動作。

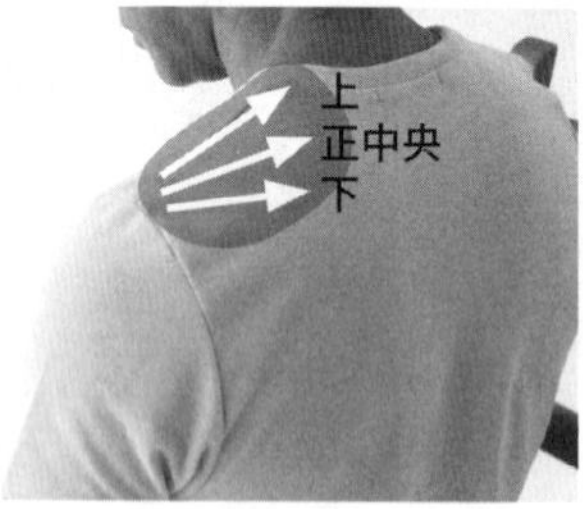

手臂

肱二頭肌、肱三頭肌　左右各1到2分鐘

1. 單手抓住另一側的上臂。大拇指放在上臂後方，其他手指放在上臂前方。
2. 抓住整個手臂後，一邊移動手腕，一邊往外側搓揉5到10下。從手肘上方搓揉至肩膀下方。換邊做同樣的動作。

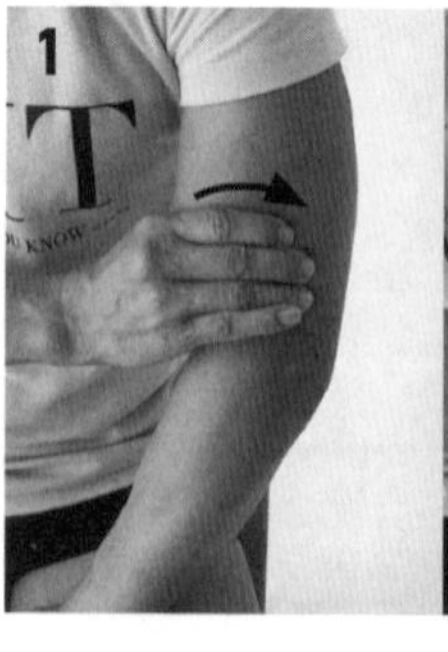

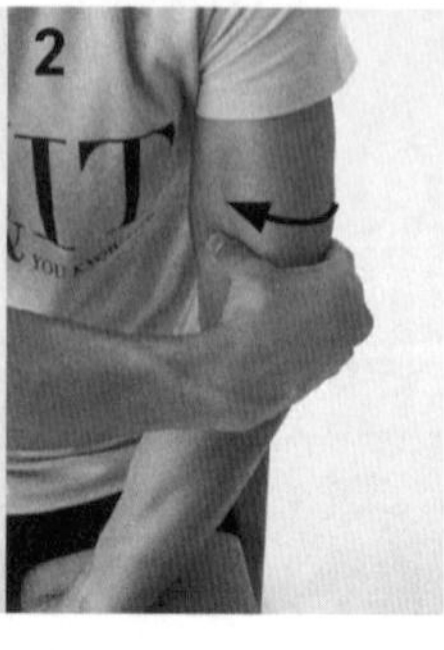

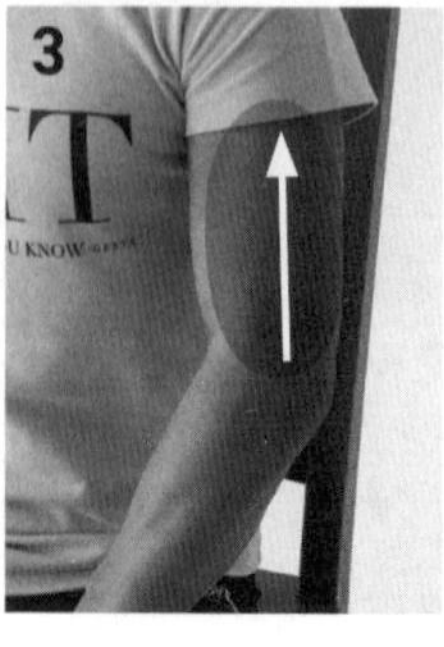

腰部

豎脊肌　1到2分鐘

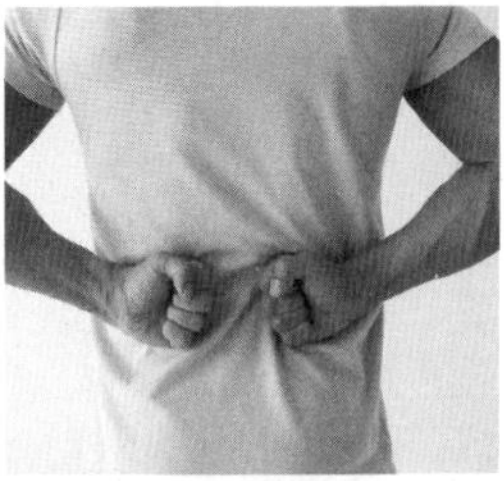

1. 仰躺在地。如果是木地板，可以在地板鋪上毛巾。雙手握拳放在腰部下方，先抬起臀部。
2. 上半身放在拳頭上，維持5秒，重複3到5下，慢慢移動到肩胛骨下方。也可以用高爾夫球之類的物品代替。

1

2

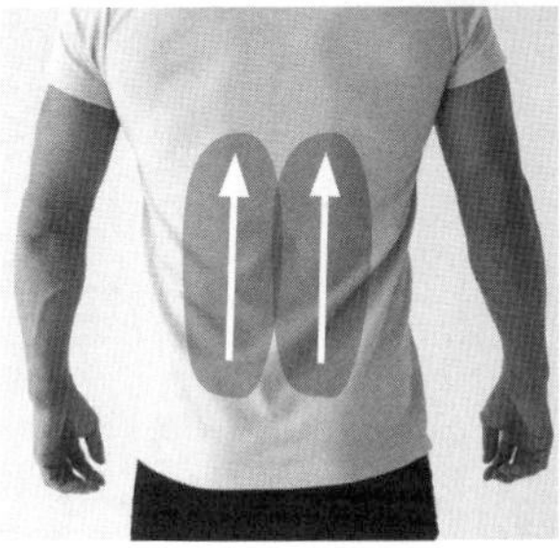

腹部

腹直肌　左右各1到2分鐘

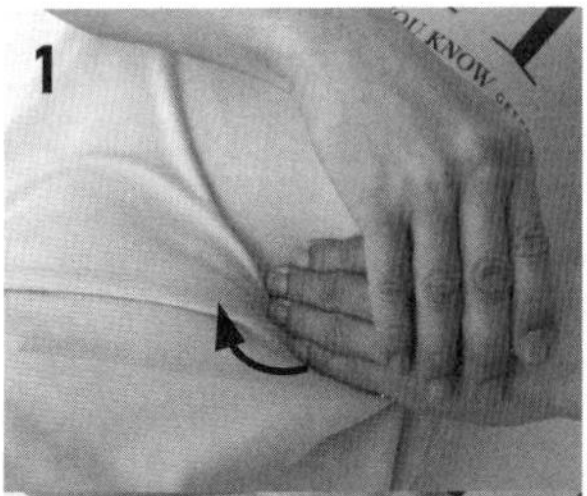

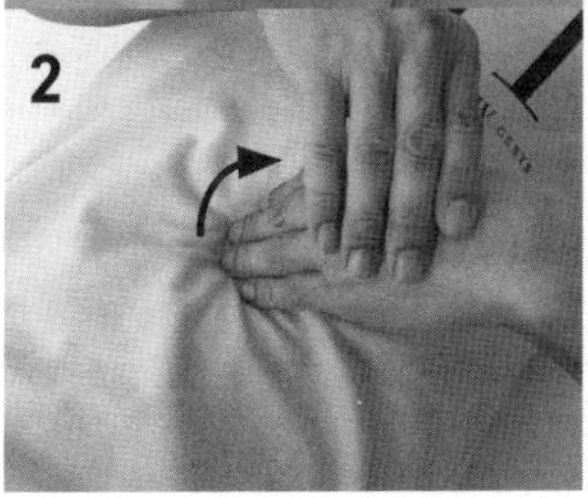

1. 仰躺在地，立起雙膝，放鬆腹部。單手手指腹抵住腹肌，另一隻手放在上面。
2. 用上方的手對下方的手背施壓，按壓5到10下。慢慢移動至肋骨下方。換邊做同樣的動作。

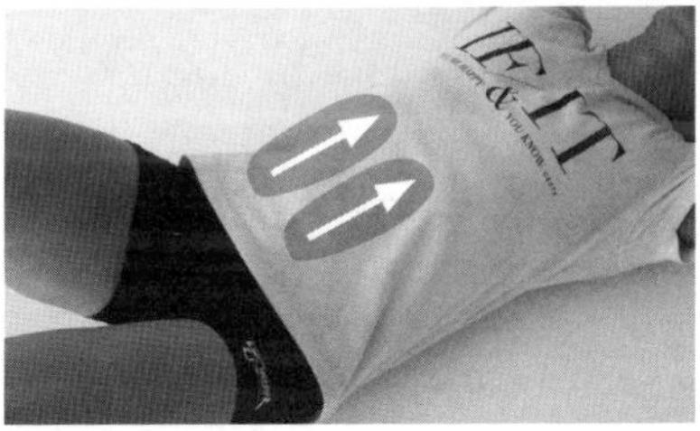

調養篇

10

改善身體姿勢與左右不對稱，預防受傷，並提升訓練效果

頭部前傾、圓背，以及骨盆後傾、膝蓋向外張開——這就是駝背與O型腿的姿勢。進入老年後，大多數人都逐漸變成這兩種姿勢。近年來，在二十到五十歲之間，也有不少人是這種姿勢。

事實上，用兩條腿站立並不是人類與生俱來的能力。我們剛出生的時候，只能進行翻身這個移動身體的動作 。之後開始學會爬行，然後扶著東西學習站立，到完全放手行走，大約要花一年的時間。之後還要再花好幾年的時間，站立與步行的姿勢才會變得更加順暢。

因此，筆直站立的正確姿勢，可以說是我們透過長期反覆練習才學會的一種技術。

然而，出社會工作後，因為用電腦的關係長期維持前屈，形成駝背的姿勢，又因為持續在無意識中以膝蓋朝外的方式走路，逐漸形成O型腿。維持姿勢的技術會被反覆進行的日常動作所覆蓋。就像是我們出生後不久，就透過反覆練習逐漸習得正確的姿勢一樣，不良姿勢也會因為反覆而定型。

駝背或O型腿等**不良姿勢除了顯老以**

外，還會讓我們在肌力訓練的時候做不出正確姿勢，讓訓練效果大打折扣。

此外，身體左右不對稱也會影響肌力訓練的姿勢。以深蹲為例，如果重心的位置偏左或偏右的話，就會只有某一邊的腳出力，導致只鍛鍊到出力那隻腳的股四頭肌。如此一來，就會讓身體的左右不平衡更加嚴重。

站立或坐下等姿勢，是導致身體左右不對稱的最大原因。筆直站立或坐下的時候，左右腳和臀部的理想重心比例為五十比五十。但在大多數場合，重心比例會變成六十比四十，嚴重的時候甚至有可能是九十比十。

為了讓慣用手更容易活動，我們通常會無意識地將重心放在另一側的腿部或臀部，長期持續下來，便會養成習慣。因此，必須要有意識地去重新調整回來。

不良姿勢或左右不對稱，不只會如實反映在肌力訓練的姿勢上，還很有可能對身體前後左右的某個部位造成負擔，導致該部位過度使用。

因此，進行下一頁起介紹的伸展動作以改善姿勢或左右不對稱的情形，是非常重要的一件事。一天之內做的次數愈多，就愈能讓正確的姿勢覆蓋不良的姿勢。

背後手臂伸展（Hand Behind Back）

胸大肌　10秒 ×3組

1. 張開雙腳與肩同寬，雙手交握放在背後，挺胸，視線朝向正面。
2. 保持原姿勢伸展手臂，抬起下巴，視線朝上並將雙肩往後拉。

搖擺背（Sway Back）

腹直肌　10秒 ×3組

1. 張開雙腳與肩同寬，雙手叉腰，一開始先筆直站立。
2. 接著骨盆前傾，臀部略往後推。上半身固定不動。

抱膝伸展（Knee Hold）

臀中肌　左右各10秒 ×3組

1

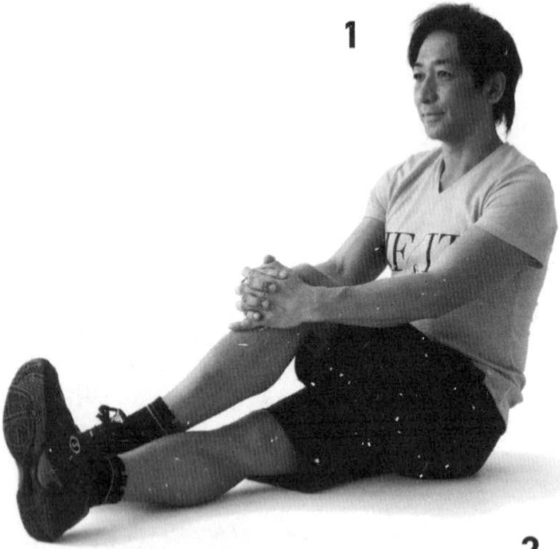

2

1. 坐在地板上，彎曲單腳膝蓋，雙腳交叉後雙手抓住膝蓋。
2. 雙手抱住膝蓋拉近自己，盡量讓膝蓋貼近胸部，維持此姿勢。換邊做同樣的動作。

髖關節內旋（Hip Internal Rotation）

深層外旋六肌群（臀部的深層肌肉） 左右各10秒 ×3組

1. 坐在地板上，立起雙膝，雙手在身體後方撐地，擺出後傾姿勢。張開雙腳略超過肩寬，腳尖45度朝外。

2. 單側膝蓋往內倒，維持此姿勢。

3. 換邊做同樣的動作。

抬單腳伸展（Single Leg Stand Keep）

軀幹、下半身 左右各10秒 ★做起來不順的那一側請多做2組

1 

2 

1. 坐在椅子上，張開雙腳與腰同寬。雙手在身體側邊垂直放下。
2. 抬起單邊膝蓋，維持10秒。換邊做同樣的動作。

平常身體重心偏向左右某一邊的話，就會難以抬起平常承受體重那一側的腿。

Check

單手下滑伸展（Hand Slide Down）

軀幹、下半身 左右各10秒 ★做起來不順的那一側請多做2組

1

2

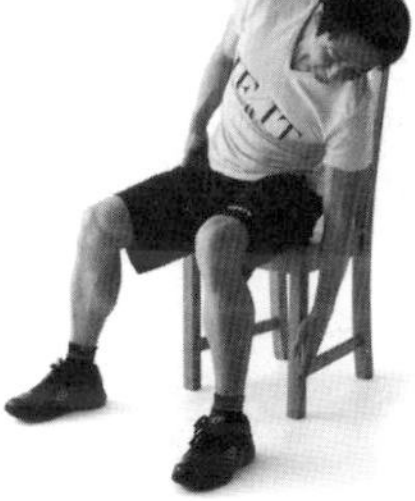

1. 坐在椅子上，大角度張開雙腳。
2. 上半身以筆直的狀態側彎，單手盡量靠近地板，維持10秒。換邊做同樣的動作。

Check 如果腰部、背部、肩膀等肌肉的柔軟度左右不對稱，伸展手臂的時候上半身容易扭轉。

改善左右不對稱（歪斜）

抬腳伸展（Leg Raise Keep）

軀幹、下半身 左右各10秒 ★做起來不順的那一側請多做2組

筆直站立，雙手叉腰。稍微抬起單腳，呈現單腳站立的姿勢。支撐腳的大拇指與臀部施力，維持10秒。換邊做同樣的動作。

Check

如果無法將重心放在大拇指，單腳站立的時候身體會倒向軸心腳。

站姿側屈伸展（Side Bend Stretch）

軀幹、下半身 左右各10秒 ★做起來不順的那一側請多做2組

1　2

1. 採站姿，張開雙腳略寬於肩膀，雙手貼平在身體側面。
2. 身體側彎，同時單手滑向膝蓋，維持10秒。換邊做同樣的動作。

Check 下半身或臀部的肌肉柔軟度若有左右不對稱的情形，某一側容易不知不覺讓上半身扭轉。

科學化自主肌力訓練教科書

監修

坂詰 真二

NSCA認證肌力與體能訓練專家、NSCA認證私人教練、橫濱YMCA運動專門學校講師。畢業於橫濱市立大學文理學院，曾先後擔任People股份公司（現為KONAMI SPORTS）總監與教育指導，之後進入Sport Programs公司擔任企業隊伍及個人選手的體能教練。於1996年創業，成立「SPORTS & SCIENCE」，以「運動員指導、體能教練培訓、透過媒體進行運動指導」等項目為重心展開活動。著有《最新ストレッチの科学》《女子の筋トレ & 筋肉ごはん》《筋トレ革命 エキセントリックトレーニングの教科書》等書。

石川 三知

運動營養諮詢師、體能改善規劃師。「Office LAC-U」代表，中央大學商學部兼任講師。畢業於跡見學園短期大學生活藝術科、橫濱營養專門學校。曾擔任病理營養學指導、東京工業大學實驗助手，之後成為營養諮詢師。為田徑選手末續慎吾、游泳選手渡部香生子、滑冰選手岡崎朋美、花式滑冰選手荒川靜香與高橋大輔、浦和紅鑽足球隊、全日本男子排球隊等眾多運動員與運動隊伍提供營養方面的協助。擔任U-CAN「スポーツ栄養プランナー講座」監修。著有《決して太らない体に「食の法則」1:1:2のレシピ》。

科學化自主肌力訓練教科書
零基礎也能聰明打造理想體態

作　　者／坂詰真二、石川三知（監修）
譯　　者／楊家昌
企畫編輯／王瀅晴
特約編輯／王綺
封面設計／李岱玲
內頁排版／李岱玲

發 行 人／許彩雪
總 編 輯／林志恆
出 版 者／常常生活文創股份有限公司
地　　址／106台北市大安區信義路二段130號

讀者服務專線／(02) 2325-2332
讀者服務傳真／(02) 2325-2252
讀者服務信箱／goodfood@taster.com.tw

法律顧問／浩宇法律事務所
總 經 銷／大和圖書有限公司
電　　話／(02) 8990-2588（代表號）
傳　　真／(02) 2290-1628

製版印刷／東豪印刷事業有限公司
初版一刷／2024 年 3 月
定　　價／新台幣 420 元
I S B N／978-626-7286-13-5

國家圖書館出版品預行編目 (CIP) 資料

科學化自主肌力訓練教科書：零基礎也能聰明打造理想體態 / 坂詰真二作；楊家昌譯. -- 初版. -- 臺北市：常常生活文創股份有限公司, 2024.03

面；　公分

ISBN 978-626-7286-13-5(平裝)

1.CST: 運動訓練 2.CST: 健身 3.CST: 肌肉

528.923　　113000669

FB｜常常好食　　網站｜食醫行市集